KB194288

대마도,
역사를 따라
걷다

대마도, 역사를 따라 걷다

글, 사진 이 훈

역사공간

맑은 날 대마도를 육안으로 볼 수 있는 부산 사람들이 아니더라도 대마도가 한국에서 가장 가까운 일본이라는 사실은 누구나 다 안다. 그래서인지 한국 사람들은 대마도에 대해서는 특별한 생각들을 가지고 있다. 일본보다는 아무래도 우리와 더 비슷할 것이다라는 생각에서 경계심이 없어지고 점수도 더 잘 주고 싶어진다. 이런 친밀감은 일본인들이 대마도에 대해서 가지고 있는 인상들과는 아주 대조적이다. '쯔시마對馬島'라는 지명을 들어 본 적이 있는 일본인들은 대마도를 '일본에서 아주 멀리 떨어진 고독한 섬' 정도로 여기고 있다. 또 어떤 이들은 대마도에서는 한국옷을 입고 한국말을 하고 그들이 매일 먹는 '미소시루'(일본 된장국) 대신 고추장을 즐겨 먹는 것으로 오해하는 경우도 있다고 한다. 일본인들이 대마도에 대해서 가지고 있는 이미지란 소위 '한국색이 강해서 우리들 일본과는 아주 다른 변경'에 가까운 것이라 할 수 있다.

그렇다면 한국 사람들이 대마도에 대해 느끼는 친밀감은 어디에서 오는 것일까?

이는 사실 인종적인 것도 아니고 문화적인 것에 대한 어떤 확신이 있어서도 아니다. 대부분 막연히 대마도가 옛날에는 우리 땅이었다, 내지는 땅이었을지도 모른다, 또는 경제적으로 우리의 도움을 받고 살았다는 생각에 근거를 두고 있다. 대마도에 대해 한국 사람들이 가지고 있는 이런 막연한 생각들은 그 역사적 연원이 오래된 것으로 보인다. 1996년 배타적 경제 수역(영해를 포함해 연안에서 200해리에 이르는 범위 내의 일체 어업·광·물자원에 대해 연안국이 배타적으로 관할권을 갖는다고 선언한 수역) 설정이 문제가 되었을 때, 만약 일본이 아직도 독도를 일본땅이라고 주장한다면 한국은 대마도가 우리땅이었다고 되받아칠 수도 있다는 공감대가 형성되었다. 1996년 봄 이 문제와는 무관해 보이는 절이나 식당 입구에까지 '독도는 우리땅, 대마도도 우리땅'이라는 현수막이 나붙은 것은 바로 이런 정서를 반영한 것이다.

우리들의 이런 생각과는 달리, 부산에서 불과 49킬로미터 밖에 떨어져 있지 않은 대마도에 발을 들여 놓는다는 것은 생각보다 쉽지 않다. 한국 사람이 대마도에 가려면 무엇보다 대한민국 여권이 필요하고, 출국 심사도 받아야 한다. 비행기 차창을 통해 대마도를 내려다 볼 수 있지만, 바로 내릴 수는 없다. 출입국 관리가 가능한 큐슈의 국제공항 후쿠오카福岡에 내려서 입국 심사를 마친 후, 대마도행 국내 여객기로 갈아타고 다시 날아가던가, 배로 갈아타야만 비로소 대마도에 발을 들여

놓을 수 있다.

　최근 부산에서 바로 대마도의 중심지까지 한 번에 들어갈 수 있는 뱃길이 생기기는 했지만, 부산지역 이외의 사람들이 이용하려면 부산까지 가는데만 하루를 잡아야하는 불편이 따른다. 게다가 출입국 심사가 없어진 것도 아니다. 대마도는 이렇게 엄연한 외국이며 토쿄東京에 가는 것보다 훨씬 불편하고 비자없이 오고갈 수 있는 홍콩이나 동남아시아를 여행하는 것보다 더 복잡하다. 뿐만 아니라 비용도 만만치 않다.

　이런 불편때문에 여러 궁금증들이 생긴다. 이렇게 가까운데 왜 직항로가 없을까? 언제부터 여권과 우회 항로를 거쳐야만 왕래가 가능했던 것일까? 우리와 대마도는 옛날부터 어떤 관계였을까? 한 번도 우리 땅이 된 적은 없었을까? 우리는 왜 우리 땅도 아닌데 대마도를 가깝게 느끼는 걸까? 역사적으로 무슨 이유가 있는 것일까? 대마도는 일본과는 어떤 관계였을까? 과연 대마도에는 우리와 관련된 것들이 많이 남아 있을까? 대마도의 자연 풍경은 어떠할까? 등등 곰곰 생각해 보면 이 모든 궁금증들이 결국 '대마도 사람들은 어떻게 살아 왔을까?' 라는 하나의 의문에서 비롯되는 것이라 할 수 있다. 일상에서 벗어나 어디론가 여행을 떠나기 전, 목적지의 풍경이나 사정을 머리 속에 떠올릴 때의 단순한 흥분과는 조금 다른 것을 느끼게 한다.

지금 대마도는 그야말로 일본의 변경에 다름 아니다. 그러나 대마도는 우리에게 관광 이상의 곳이다. 과거에도 많은 이해가 얽혀 있었고, 또 국경을 넘어 지역경제가 활성화되고 있는 지금이나, 또 앞으로 어떻게 얽힐지 모르는 곳이다.

　고대 이래 한반도와 일본열도 사이에서 한때는 침략자로 다가온 적도 있었지만, 15세기 이후 각종 경제활동과 전략을 통해 19세기 중엽까지 조·일 외교의 중앙에 있으면서 그들의 생활터전을 지켜온 대마도에 대해, 한번쯤 관심을 가져보는 것도 그렇게 쓸모없는 일은 아니리라 생각된다.

　끝으로『대마도』의 사진제공 및 사용을 허락해 주신 국사편찬위원회, 대마도의 나가사키현 대마역사민속자료관의 전과장 小松勝助, 전 대마지청장 仁位孝雄 선생님께 감사드립니다.

　이제 가깝고도 먼 섬, 대마도에 가보기로 하자.

2005 년 여름

이 훈

차 례

■ 첫머리에 _4

■ 지도로 보는 대마도 _11

1 부산이 보이는 섬

들쭉날쭉한 리아스식 해안, 크고 작은 가파른 산 _18

나루가 많은 섬, 쯔시마津島 _20

넉넉하지 못한 땅 _22

바람과 급한 해류 _28

2 한반도와 일본열도 사이에서

고대 일본, 대한반도 정책의 최전선 _35

여몽 연합군의 일본 침략과 대마도의 왜구화 _39

조선의 동쪽 번병, 대마도 _42

토요토미 히데요시의 조선침략과 대마도 _56

왜란 이후 조일 외교의 '중앙'에 선 대마도 _65

대마도가 추구하던 외교와 평화의 모색 _106

근대일본과 '변경' 대마도 _114

종전 이후의 대마도 _137

3 일본의 변경, 대마도의 거듭나기

변화된 삶 _146

새로운 명소·명물 만들기 _156

지역경제로 거듭나기 _170

4 한반도인들은 대마도를
한국땅으로 생각했을까?

고대, 민간 교류와 대마도에 대한 인식 _177

고려의 관직을 받은 대마도인과 대마도 영유 의식 _179

세종대 대마도 토벌과 속주화 시도 _180

임란 이후 대마도의 경제적 의존과 번병의식 _183

근대 이후 번병의식의 쇠퇴 _186

실지 회복에 대한 향수와 대마도 고토의식 _187

5 국제성 짙은 역사의 섬, 대마도

이즈하라쵸嚴原町 _190

미츠시마쵸美津島町 _220

미네쵸峰町 _230

카미아가타쵸上縣町 _232

■ 이 글을 마치며 _235
■ 연표로 보는 대마도 _238
■ 참고문헌 _246
■ 사진목록 _250
■ 찾아보기 _254

지도로 보는 대마도

대마도는 옛부터 한반도와 인적·물적 교류의
창구로서 많은 문화유산이 잘 보존되어 있는
역사의 섬이다.

1 부산이 보이는 섬

들쭉날쭉한 리아스식 해안, 크고 작은 가파른 산
나루가 많은 섬, 쓰시마津島
넉넉하지 못한 땅
바람과 급한 해류

서로 마주 바라볼 수 있는 가까운 거리에 있고
그 존재를 서로 의식했으면서도 오랜동안
다르게 살아온 것은 왜였을까?
아무래도 그들의 자연환경과
무관하지 않았을 것이라는 생각이 든다.

   대마도는 한반도의 동남쪽 해상에 떠있는 작은 섬으로, 한국에서
가장 가까운 일본이다. 대마도의 어느 지점을 재느냐에 따라 53킬
로미터가 될 수도 있지만, 부산에서 대한해협을 건너 대마도의 북
서쪽 와니우라鰐浦까지는 최단거리가 불과 49킬로미터 밖에 되지
않는다.
   이는 대마도가 한국에 가깝다는 것을 말할 때 흔히 제시되는 수치이

카미츠시마쵸 전망대에서 본 남해안 전경

다. 그러나 대마도가 한국 가까이 있다는 것을 알기 위해서는 굳이 이런 숫자가 필요없다. 하늘에서는 김해 상공을 벗어난 것을 확인한 그 즉시 '이제 대마도가 어디쯤 있나 볼까'를 생각하며, 비행기 차창을 내려다 봐야만 겨우 대마도를 붙잡을 수 있다. 땅에서는 육안으로 확인할 수 있는 거리에 있다. 대마도 서북쪽 해안가 전망 좋은 곳에는 으레 부산을 바라 볼 수 있는 전망대가 설치되어 있어서, 맑은 날에는 렌즈를

통하지 않고도 수평선 너머로 아스라히 부산과 김해, 통영을 잇는 산줄기를 맨눈으로 볼 수 있다. 밤에는 짙은 어둠 때문에 부산과 대마도 사이에 바다가 있다는 것이 느껴지지 않아 부산 영도 언저리를 달리는 자동차의 불빛과 움직임이 더욱 가깝기만 하다. 정작 대마도에서 일본으로 들어가는 관문 큐슈 후쿠오카까지가 147킬로미터로, 대마도에서 큐슈 땅을 본다는 것은 엄두도 낼 수 없는 일임을 감안하면 그저 신기할 뿐이다.

대마도에서만 부산이 보이는 것은 아니다. 부산에서도 대마도가 보인다. 대마도는 '쯔시마津島'(나루가 많은 섬)라 부르면서 '타이마對馬'라 쓴다. 그 유래에 대한 설은 여러가지이지만 중국의 역사책 『위지魏志』 왜인전*에 처음 등장한 이래 지금까지 사용되고 있다. 말 두마리가 등을 맞대고 있다는 뜻의 이 이름은 남북으로 긴 섬이지만 가운데가 움푹 패여서 두 개의 섬으로 보이는 대마도의 형상과 닮아 있다. 아마도 김해쪽에서 가던 한반도인이나 중국인의 눈에 그렇게 비쳤으리라 여겨진다.

서로 마주 바라볼 수 있는 가까운 거리에 있고 그 존재를 서로 의식

---

* **위지 왜인전** 중국 위魏의 사서史書인 『위지魏志』의 「동이東夷」 조에 수록된 고대 일본에 관한 기록으로 대마도 관련 원문은 다음과 같다.
  倭人, 在帶方東南大海之中, 依山嶋爲國邑, 舊百餘國, 漢時有朝見者, 今使譯
  所通三十國, 從郡至倭, 循海岸水行, 歷韓國, 乍南乍東, 到其北岸狗邪韓國,
  七千餘里, 始度一海, 千餘里, 至對馬國, 其大官曰(이하 생략)

와니우라에서 본 부산 야경[2]

부산

49킬로미터

와니우라

부산이 보이는 섬 **17**

했으면서도 오랫동안 다르게 살아온 것은 무슨 연유일까? 아무래도 그들의 자연환경과 무관하지 않았을 것이라는 생각이 든다.

들쭉날쭉한 리아스식 해안, 크고 작은 가파른 산

대마도는 좁고 길쭉한 섬이다. 남북으로 82킬로미터, 동서는 18킬로미터, 총면적은 708.25평방킬로미터로 제주도가 1,820평방킬로미터인 것에 비하면 작은 섬이다.

그러나 이 섬은 우리 나라의 남해안에 흔히 있는 섬들처럼 해안가에 모래사장이 있고 그 너머로 농경지를 끼고 완만하게 산등성이로 올라가는 그런 섬이 아니다. 섬 전체가 크고 작은 산들로 주름잡혀 있어서 도대체 사람들이 살만한 평지가 있을까 라는 생각이 들 정도이다. 표고 500~650미터 정도의 산들이 그렇게 높지는 않지만 대마도 전체의 88퍼센트나 차지하며, 제법 산세가 험준하여 해안까지 200~300미터 높이의 산들이 쭈욱 뻗어 있다. 해안가라고 해도 모래사장이 드물고, 곳에 따라서는 절벽이 바로 파도와 맞부딪치고 있다. 돌아다녀 보면 지도상으로는 섬이라는 것이 분명한데, 바닷물과 직접 닿아 있는 곳을 확인하지 않으면 어느 높은 산악지대의 좁은 길을 헤집고 다니고 있는 것 같은 착각마저 든다.

대마도의 해안은 전형적인 리아스식 해안으로, 침식 정도가 아주 심

리아스식 해안이 발달된 아소완

아소완

하고 복잡해서 해안길이만 무려 915킬로미터에 달한다. 제주도의 해안 길이가 253킬로미터에 불과한 것과 비교해 본다면 그 정도를 짐작할 수 있을 것이다. 육지 깊숙이까지 침식된 곳에서는 바로 길 하나를 사이에 두고 한쪽에는 강물이, 다른 한쪽에는 바닷물이 들어와 있기도 하다. 대마도의 허리 중간쯤에 있는 아소완淺茅灣은 이렇게 복잡한 리아스식 해안이 극치를 이루고 있는 곳이다. 육지의 횡단 거리가 짧은 코부나코시小船越에서는, 고대에 대마도의 동쪽에서 서쪽으로 넘어가려면 배를 끌고 갈 정도였다고 한다. 리아스식 해안이 천연의 요새를 형성하고 있기 때문에 옛부터 해적의 은신처로 적합했음이 한눈으로도 짐작할 수 있다.

나루가 많은 섬, 쯔시마

일본의 『고지키*古事記』나 대마도의 『쯔시마키랴쿠對馬紀略』에는 대마도를 나루가 많은 섬이라는 의미에서 '쯔시마津島'라 쓰고 있다. 나루는 리아스식 해안 때문에 생긴 것들이다. 사람들은 옛부터 어로에 편리하고 외부와도 연락이 쉬운 나루津를 중심으로 모여 살았다. 조선시대 신

---

* 고지키 나라시대의 역사서. 템무텐노天武天皇의 명으로 히에다노아레稗田阿礼가 암송한 「제기帝記」 및 先代舊辞를 오오노 야스마로太安万侶가 문장화하여 712년에 겜메이텐노元明天皇에게 진헌한 일본 최고의 역사서.

와니우라 포구[1]

숙주가 쓴 『해동제국기海東諸國紀』를 보면 대마도에는 이미 14세기 초 82개의 나루가 있었다고 전한다. 조선시대 후기(에도시대)에 2군郡 8향鄕에 112개 정도의 마을(津·浦·村)이 있었던 것과 그다지 크게 차이가 없다. 바로 얼마 전까지 6정町으로 나뉘어져 있던 행정구역이 2004년 3월부터 쯔시마시로 통합되었지만, 행정의 말단 단위는 예전의 것과 별로 다르지 않다.

예전에는 이러한 포구를 잇는 해로가 교통의 중심이었다. 육로가 있기는 해도 산길을 깎아 만든 것으로 시간이 많이 걸리고 물건을 운반하는 데도 수량이 한정되어 비능률적이었다. 해로는 바람이나 해류의 영향을 받기는 하지만, 시간이나 유통의 측면에서 훨씬 능률적이었기 때문에 자연히 교통의 중심이 되었다.

넉넉하지 못한 땅

산이 88퍼센트를 차지한다는 수치를 굳이 들지 않더라도, 대마도의 첫인상은 '평지가 너무 부족하구나. 그래서 주민들이 토지 이용에 애를 쓰고 있는 흔적이 역력하구나'라는 것이었다. 그런데 얼마 전부터 이곳저곳이 택지로 조성되는 바람에 속살을 드러내고 있는 임야를 쉽게 볼 수 있다. 큐슈나 혼슈本州에 나가 사는 젊은이들이 일본 내지보다는 싸게 먹히는 고향의 땅값 때문에 대마도에 '내집'을 마련해 보려는

욕구가 반영된 것이라 한다. 우리에
게 너무나 낯익은, 벗겨진채로 아무
런 대책없이 비어 있는 땅을 보면서
이곳도 역시, 뭔가 조금씩 무너져 내
리는구나 하는 불안한 마음을 감출
길이 없었다.

　대마도에 쓸만한 평지가 없다는
사실은 비행장 규모 하나만 봐도 알 수 있다. 관광객의 증가로 1975년부
터 운항하기 시작한 비행기 활주로는 표고 63.2미터의 산 한가운데 있
다. 활주로를 만들만한 평지가 없어 산을 깎고 메워서 만든 것이라 한다.
1,900미터 밖에 안되는 활주로는 짧고 위험해 후쿠오카에서 대마도까
지 소형 프로펠러 비행기가 다닌다.

　대마도의 중심도시인 이즈하라嚴原를 제외하고는 직선으로 시원스
럽게 쭉 뻗은 길이 별로 없는 도로를 보면 이런 사실이 더 실감난다. 대
부분의 도로는 곡선으로 길 폭이 좁기 때문에 가변차선이 많고, 왕복
차선이 있다 해도 다른 지역보다는 도로 폭이 좁은 편이다. 노란색의
중앙차선이 있는 왕복 차선은 이즈하라의 일부 구간만 있다. 대마도를
일주할 수 있는 국도나 지방도로는 이러한 사정을 더 여실히 드러내고
있다. 산 속의 자동차 도로는 대부분 고갯길과 급커브의 꼬불길로 신호
등이 없는 것은 물론, 30개가 넘는 터널을 통과해야 한다. 그나마 차선

이 없는 일차선 도로가 많기 때문에 오고가는 차들은 맞은 편에서 오는 차의 주행 상황을 살펴야 한다. 고갯길에서는 조금만 방심해도 맞은 편에서 전혀 생각지도 않은 차가 튀어 나와 끊임없는 주의가 필요하다. 그래서 일본의 다른 곳이나 평지에서 운전하는 것보다 몇 배 더 피로하다고 한다. 컨디션이 좋지 않을 때는 커브 때문에 차에 타고 있기만 해도 멀미를 할 정도이다. 길 폭을 조금이라도 넓히고 직선도로를 만들기 위한 측량과 토목공사가 지금도 끊임없이 진행되고 있으며, 곧 새로운 터널이 뚫린다고 한다.

　대마도를 돌아다니다 보면 도대체 어디에서 먹을 것을 재배하는가라는 생각이 들 정도로 경작지가 별로 눈에 띄지 않는다. 군데군데 분산되어 있는 경작지는 계곡 사이와 해안지대로 섬 전체의 3퍼센트 밖에 안 된다. 경작이 가능한 곳도 15도 이상의 급경사를 이루고 있는 곳이 1/4이나 된다. 조금이라도 평지가 있으면 논을 일구는데, 그만큼 쌀에 대한 관심을 반영한 것이다. 1990년 통계에 따르면 대마도의 주요 경지는 사고佐護(카미아가타쵸上縣町)·니타仁田(카미아가타쵸)·사스佐須(이즈하라쵸嚴原町) 지구 등으로, 전체 면적이 약 1,647헥타르에 불과하다. 대마도에서 큐슈로 가는 중간에 있는 섬 이키壹岐가 크기는 대마도의 1/5에 지나지 않지만, 경작지는 4,498헥타르로 대마도의 약 세 배에 달하는 것에 비하면 턱없이 부족한 것이다.

　대마도의 이 경지 면적은 전근대 그것과 별로 다르지 않은 것으로,

대마도의 여러곳에서 볼 수 있는
좁은 산길[5a, b]

30미터가 넘는 절벽에 자리잡은 계단식 경작지. 미네쵸의 오미

대마도 사람 전체의 생계를 책임지기에는 어림도 없이 모자라는 것이다. 넉넉하지 못한 대마도의 자연환경이 일찍부터 그들의 눈을 안에서 밖으로 돌리게 만들었으리라는 생각이 자연스럽게 든다.

바람과 급한 해류

해류와 바람은 대마도를 외부 세계와 연결시키는 통로가 되기도 하고, 때로는 장애가 되기도 하였다. 연중 대륙 쪽에서 불어오는 바람은 계절에 따라 북쪽에서 북북서쪽·북서쪽으로 방향이 바뀌는데, 봄에는 황사를 대마도로 운반하며, 7월에 소강상태에 들었다가 8월부터 다시 불기 시작한다. 겨울철에는 바람의 속도가 더 강해져 일본의 혼슈本州보다도 훨씬 춥게 느껴진다.

대마도의 남서쪽으로는 남태평양쪽에서 올라오는 '쿠로시오黑潮' 난류가 대마도에 가까워지면서 갑자기 물살이 거세진다. 이 쿠로시오에서 갈라져 나온 거센 '쓰시마 해류' 때문에 대한해협은 남쪽에서 동북쪽으로 조류가 빠르게 흐른다. 배가 대마도에 갈 수 있는 유일한 교통수단이었을 때, 조선인은 이 북서계절풍을 이용하여 대마도에 갔다. 그러나 겨울에 북북서풍이 불 때라 하더라도 불규칙한 해풍 때문에 이 쓰시마 해류에 잘못 휘말리게 되면 대마도 북부나 일본 혼슈 남쪽인 야마구치山口현까지 표착하는 경우가 많았다. 조선시대 통신사*로 일본에

이즈하라쵸의 경작지

갔던 사람들이 남긴 기록을 보면 부산에서 대마도까지 순풍을 타고 하루면 갈 수 있는 뱃길이지만, 대마도 북쪽 해안은 파도가 너무 심해 통신사 일행들이 멀미나 구토로 몹시 힘들었던 곳으로, 바람의 방향이 바뀌면 목적지를 바로 눈앞에 두고도 배를 대지 못해 다른 포구에서 바람이 잔잔해질 때까지 며칠씩 기다리거나 엉뚱한 곳에 표류하기도 하였다 한다. 한편 대마도 서쪽 해안을 따라 흐르는 쓰시마 해류나 북서계절풍은 대마도에서 조선으로 가는 데 장애가 되었다. 이 때문에 대마도인은 대마도의 서쪽 해안을 피해 동쪽 해안을 따라 북쪽으로 돌아서 부산으로 갔으며, 북서 계절풍이 심하지 않은 가을까지가 조선을 왕래할 수 있는 좋은 시기였다. 이에 비해 대마도에서 큐슈의 관문 후쿠오카까지는 147킬로미터나 떨어져 있어서 대마도에서 육안으로 큐슈땅을 본다는 것은 상상도 할 수 없는 일이다. 하지만 쓰시마 해협을 끼고 있는 이 사이의 바다는 현해탄 부근을 제외하고는 비교적 파도가 없고 바람이 적어 큐슈까지 수월하게 왕래할 수 있었다. 그 덕분에 일본열도인들

* 통신사 조선시대 조선국왕이 일본의 막부 장군 앞으로 보낸 외교사절. 임진·정유왜란 이후 1607년 국교 회복을 계기로 전쟁포로 쇄환 및 장군의 습직 등을 축하하기 위하여 1811년까지 12번 파견되었다. 귀국할 때까지 일본에 머무는 동안 일본인들과는 한시나 문장, 그림의 교환, 유학·의학에 관한 필담을 통한 문화교류가 있었다. 단, 국교회복 직후 파견된 3번의 외교사절에 대해서는 왜란 때 잡혀간 포로를 찾아서 데려온다는 의미에서 그 명칭도 '회답겸쇄환사'였으므로 '신의로 통한다'는 의미의 통신사와는 구별해야 한다고 하기도 한다.

과 일상적인 교류가 가능했다.

　　대마도가 고대 이래 한반도와 정치·경제적으로 얽혀 있었으면서도, 일본의 변경으로서 그들 나름대로 정체성을 가지고 살 수 있었던 것은 해류나 바람 등 자연환경이 그들을 일본열도와 자연스럽게 연결시켜 주었기 때문이 아닐까?

2 한반도와 일본열도 사이에서

고대 일본, 대한반도 정책의 최일선
여몽 연합군의 일본 침략과 대마도의 왜구화
조선의 동쪽 번병, 대마도
토요토미 히데요시의 조선침략과 대마도
왜란 이후 조일 외교의 '중앙'에 선 대마도
대마도가 추구하던 외교와 평화의 모색
근대일본과 '변경' 대마도
종전 이후의 대마도

한반도와 일본열도에는 고대 이래 지금까지
수많은 정치집단과 국가가 흥망성쇠를 거듭하였다.
대마도가 이 틈바구니에서 그들 나름대로
정체성을 가지고 생존하기 위해서는
이들과 끊임없이 정치·경제적으로 관계를 맺으며,
무엇보다도 그들만의 외교술을 구사하는 것이 요구되었다.

대마도는 누가 봐도 자급자족을 할 만한 넉넉한 자연환경은 아니다. 그런데도 이곳저곳에 기원전부터 사람이 살았던 흔적이 있다. 약 8,000년 전 죠몬繩文시대 유적(대마도 북부 카미아가타쵸 코시타카越高)에서는 한반도에서 전래된 것으로는 가장 오래된 융기문 토기가 출토되었는데, 부산 동삼동 유적의 토기와 같은 계통이었다. 대마도 서쪽 마와리廻라는 곳에서도 한반도 계통의 빗살무늬토기가 출토되었다. 한반도와 가까운 대마도의 서쪽과 북부 지역에는 3~4세기경 야요이彌生시대의 유적들이 많이 분포되어 있는데, 미츠시마쵸 게치鷄知에서는 한반도(진주) 계통의 무늬없는 항아리가 다량으로 출토되었다. 이 지역에서는 또

죠몬시대 융기문토기[8]
카미아가타쵸 코시타카

북큐슈 계통의 유물도 동시에 나오고 있는데 대마도가 일찍부터 한반도 및 큐슈지역과 교류를 하고 있었음을 알게 해 준다. 가장 빠른 문헌자료인 『위지』 왜인전을 보면, 3세기 경에는 "대마도에 1,000여 호의 주민이 살았으며, 배를 타고 남과 북을 오가며 통상을 유지하였다"라는 기록이 있다. 여기서 '남'은 일본을, '북'은 한반도를 의미한다. 척박한 자연

환경 속에서 일찍부터 한반도나 큐슈 지역 등 외부 세계
와의 교역과 접촉이 대마도 사람들의 생존과 직결되어
있었음을 알 수 있다. 이런 생활형태는 아마도 대마도
에 사람이 살면서부터 시작되었을 것이다.

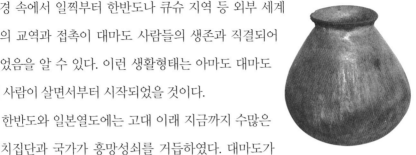

한반도와 일본열도에는 고대 이래 지금까지 수많은
정치집단과 국가가 흥망성쇠를 거듭하였다. 대마도가
이 틈바구니에서 그들 나름대로 정체성을 가지고 생존

야요이시대 무늬없는 토기[9]
미츠시마쵸 게치

하기 위해서는 이들과 끊임없이 정치·경제적으로 관계를
맺으며, 무엇보다도 그들만의 외교술을 구사하는 것이 요구되었다.

고대 일본, 대한반도 정책의 최전선

대마도는 거리상으로 한반도와 가까운데도 고대 이래 일본이었다.
그러나 처음부터 일본의 중앙정부가 대마도의 구석구석, 한사람 한사
람의 생계를 책임져 준 것은 아니다. 대마도가 일본의 중앙정권과 정
치·군사적으로 밀접하게 관계를 맺게 된 것은 7세기 백제 멸망이 계기
가 되었다. 660년 당唐이 백제를 침공해 오자 백제는 일본에 구원군을
요청하였다. 일본은 이에 응답하여 663년 신라 토벌을 위해 일본군
27,000명을 출병시켰다. 그러나 일본군은 백촌강白村江(금강 하구) 전투
에서 당군에게 크게 패한 뒤 백제 유민과 함께 대마도를 거쳐 일본으로

철수하고 말았다. 그후 전승국인 신라와 당이 일본에 쳐들어올지도 모른다는 위기감에 사로잡히게 된 일본은, 이때 처음으로 대마도에 군인에 해당하는 사키모리防人를 주둔시키고 봉화대를 설치하였다. 그리고 667년에는 대마도에 카네다죠金田城(美津島町)라는 백제식 산성을 쌓아 나당연합군의 침략에 대비했다. 아소완의 죠오야마城山에 세워진 이 성은 지금도 그 성터가 남아 있다. 성에 오르면 한반도 남해안의 동향이 한눈에 들어온다.

신라 통일 이후에도 신라에 대한 경계심 때문에 일본의 대마도에 대한 관심은 지속되었다. 일본은 통일 이후 얼마동안 통일신라와 공식 사절을 교환하는 등 교류가 활발하였다. 그러나 통일신라와 당과의 관계가 안정되고, 727년 발해와 일본이 서로 교류하게 되면서, 통일신라와 일본은 외교형식 문제로 계속 갈등을 빚게 되었다.

8세기 말에는 마찰의 소지가 많던 사신 왕래가 없어지게 되지만 무역은 계속되었다. 필요한 물건을 구입하기 위해 일본이 통일신라와의 상거래를 인정했기 때문이다. 큐슈 다자이후大宰府 근처에는 신라인과 무역하는 상인층과 상권이 형성되었으며, 대마도는 이들 상인들이 오고 가는 징검다리가 되었다. 일본은 대마도의 중요성을 인식하여 815년에는 대마도에 신라어 통역관을 설치하였다. 한편으로는 통일신라에 대한 경계를 강화하기 위해 사키모리 등의 군대를 계속해서 대마도에 주둔시켰다.

카이진 진쟈(미네쵸 키사카)[10]

와타츠미 진쟈(토요타마쵸)[11]

9세기 후반 통일신라의 일본 침략설 등은 일본으로 하여금 통일신라에 대한 경계심을 한층 더 강화시키는 계기가 되었다. 일본은 통일신라와 가까운 지역의 지방관들에게 그 지방 신에게 국가를 위해 기도할 것을 명령하였다. 대마도는 이렇게 일본의 대한반도정책의 최전방 기지로 있었기 때문에 스미요시 진쟈住吉神社(미츠시마쵸 게치美津島町 鶏知)·와타츠미 진쟈和多都美神社(토요타마쵸 니이豊玉町 仁位)·카이진 진쟈海神神社(미네쵸 키사카峰町 木坂) 등 호국신사가 남아 있다.

여몽 연합군의 일본 침략과 대마도의 왜구화

고려는 통일신라 때와 마찬가지로 중앙 정부 차원에서 일본과 공식적인 교류를 하지는 않았다. 그러나 대마도나 큐슈·이키의 무역선이 고려를 왕래하면서, 상인들간의 교역이나 표류민 송환 같은 민간 교류는 유지되었다. 고려 중기 문종대(11세기 중엽~말엽)는 이런 교류가 아주 활발했던 시기로 고려는 대마도를 비롯한 민간 무역선으로 하여금 조공의례를 치르게 한 다음에야 회답 예물을 주었다. 이 과정에서 12세기 후반에는 소위 '진봉선進奉船무역*'이라는 것이 정착되었으며, 진봉선을 접대하기 위해 고려는 김해金州에 객관을 설치하였다.

그러나 진봉선 무역이 진행되는 중에도 일부 북부 큐슈인이 고려를 습격하는 일이 있었다. 더구나 13세기 중엽 몽고의 고려 침입과 삼별초의 대몽항쟁이 진압된 이후에는, 여몽 연합군의 일본 침략으로 진봉선 무역이 단절되면서 왜구가 더욱 활성화하게 된다. 몽고(元)는 모두 11차례에 걸쳐 일본(카마쿠라 막부鎌倉幕府)이 몽고에 조공을 하도록 권고했으나, 일본은 이를 거절하였다. 몽고는 마침내 1274년(분에이노에키文永の役)과 1281년(코오안노에키弘安の役), 두 번에 걸쳐 여몽연합군을 형성

---

* 진봉선 무역 11세기 후반부터 13세기 전반까지 고려와 일본간에 이루어진 무역 형태의 하나로, 고려 정부와 일본 다자이후大宰府 사이의 약정에 따라 일본은 1년에 2척의 진봉선을 파견하도록 되어 있었다. 일본인들이 고려 국왕에 대한 특산품 등을 진헌하면 고려 국왕은 회사품을 내려준 진헌하사進獻下賜형식의 무역이었다.

하여 일본을 침공하였다. 이 때 길목이 되었던 대마도는 많은 인명과 경제적인 피해를 입었다. 1274년의 여몽 연합군은 총병력 40,000명, 900척의 대선단으로, 마산을 출발해서 이틀만에 대마도의 사스우라에 도착하여 가장 먼저 대마도를 공략하였다. 대마도 제 2대 도주島主 소오 스케구니宗助國는 바로 이 코모다小茂田 싸움에서 전사하였다. 1281년 몽 고는 구남송군 포로까지 동원했으나 일본 침입은 실패로 끝났다.

이 전쟁으로 고려와의 무역로를 상실한 대마도는 왜구倭寇로 변하게 되었다. 또한 14세기 일본은 남북조시대라 하여 무로마치室町막부가 지지하는 북조와 요시노吉野로 도망간 남조가 서로 대립함으로써 일본 의 모든 정치세력들이 두 파로 나뉘어 항쟁하던 시기였는데, 이 정치 적 혼란이 바로 왜구 활동을 심화시키는 요인이 되었다. 왜구는 고려 말 1223~1392년까지 169년간 모두 529번이나 쳐들어 왔다. 특히 남 북조 혼란기에 해당하는 14세기 이후에 대규모의 왜구가 고려를 습격 하여 전국적으로 황폐하게 만들었으며, 중국 요동반도까지 휩쓸었다. 이 시기 왜구의 본거지는 쯔시마·이키·마츠우라의 주민들로, 고려는 대마도를 왜구의 본거지로 여겼다. 왜구가 처음 목표로 삼았던 것은 고려의 조세를 운반하는 조운선(곡물선)이나 관의 창고를 습격하는 정 도였으나, 점차 살인·방화까지 일삼았다. 뿐만 아니라 그 규모는 더욱 커져 수백척의 배로 습격해 오기도 하고, 습격 지역도 해안에서 내륙 지방으로 확대되었다. 이러한 왜구활동은 고려말(1370~1380) 최고조에

삼별초가 대몽항전시 제주도에 쌓은 산성[12]

달했다.

고려말 1366년에는 이러한 왜구 금압을 위해 일본의 중앙정부(무로마치 막부)에 사신 김일金逸을 파견하였으나, 막부는 왜구를 통제할 능력이 없었다. 고려가 일본 서부의 유력 호족 및 대마도와 직접 교섭에 나서게 된 것은 이 때문이었다. 고려는 1377년 정몽주를 큐슈탄다이九州探題 이마가와 료슌今川了俊에게, 1378년 한국주韓國柱를 야마구치의 슈고다이묘守護大名 오우치 요시히로大內義弘에게 파견하여 왜구 단속을 요청하였다. 이마카와 및 오우치는 고려의 요구를 들어 왜구를 단속하는 한편, 왜구에 붙잡혀간 피로인을 송환해 오는 등 고려에 협조적이었다. 그 이유는 고려에 협력함으로써 그에 상응하는 보답이나 무역에 관한 권리를 인정받을 수 있다는 기대가 있었기 때문이다. 왜구 단속 요청은 상당한 효과가 있었지만, 왜구 활동이 아주 종식된 것은 아니었기 때문에, 최영·이성계 등이 직접 왜구 토벌에 나섰으며, 1389(공양왕 1)년에는 박위가 직접 대마도 토벌에 나섰다.

조선의 동쪽 번병, 대마도

소오씨*의 대마도 장악

대마도의 각 포구에는 토호들이 살았다. 이들 중 13세기 중반까지는

삼별초가 대몽항전시 제주도 바닷가에 쌓은 방어벽[13]

* 氏氏 여기서의 '씨'란 개인에 대한 경칭이 아니라, 혈연 관계에 바탕을 두면서 재산
  이나 권리·권위 등을 계승하는 동족집단을 말한다.

재청관인在廳官人이었던 아비루阿比留씨가 대마도 전체를 장악하고 있었다. 이들의 후손은 지금도 대마도에 살고 있으며, 자신들의 선조가 백제의 아씨였다고 믿고 있는 이도 있다. 아비루 일족은 9세기 후반에 대마도에 들어와 정착한 것으로 추정되고 있다.

그러나 13세기 후반에는 대마도의 실력자가 아비루씨에서 소오宗씨로 바뀌었다. 헤이안平安시대 이래 큐슈 다자이후大宰府의 관인 코레무네惟宗씨의 지류에 불과하던 소오씨는 12세기 말부터 아비루씨와 더불어 대마도 재청관리로 있었다. 일족 가운데 소오씨를 자처하는 자는 아비루씨와 달리 막부의 현지 최고 책임자(地頭代)라는 직책을 가지고 있었다. 즉 막부 권력을 배경으로 토착 무사화하면서 대마도에서 실질적인 권한을 장악하게 된 소오씨는 14세기에 와서 아비루씨의 잔당 토벌과 소오씨 내부에서의 권력 쟁탈 등을 겪은 후에야 비로소 아비루씨를 능가하게 되며 대마도를 안정시킬 수 있었다.

대마도 소오씨는 처음부터 대마도에 들어와 살면서 대마도를 지배하지는 않았다. 15세기 초까지 소오씨의 본가는 주군인 다자이후의 쇼니小貳씨를 쫓아 북큐슈에 있었으며 대마도에는 대관을 두어 다스렸다. 15세기 후반 쇼니씨가 북큐슈에서 오우치大內씨와의 싸움에서 패해 주인과 큐슈지역에서의 영지를 잃게 되자, 소오씨는 비로소 대마도에 뿌리를 내리게 되었다.

이후 역대 도주들은 대마도 내에서의 지배권을 확립하기 위해 조선과의 외교를 아주 적절히 활용하였다. 대마도를 왜구 3대 근거지 중의 하나로 여겼던 조선은 대마도 내 소오씨의 동향에 많은 관심을 기울였다. 누가 대마도를 장악하건 대마도를 장악한 세력에게 왜구 금압을 부탁하려고 했기 때문이다. 제 7대 도주 소오 사다시게宗貞茂는 조선의 왜구 정책에 성의를 보임으로써 조선으로부터 아주 신뢰를 받았다. 사다시게가 병이 들어 왜구 단속을 소홀히 하면 왜구들이 다시 조선의 해안에서 활동을 재개할 정도였다. 1408년 소오 사다시게가 본거지를 대마도의 미네에서 사카로 옮긴 이후 제 8·9·10대 도주들은 대마도 내의 지배와 조선과의 외교·무역에 관한 권력 장악에 본격적으로 나섬으로써, 명실공히 대마도주로서의 길을 걷게 되었다.

조선의 대마도 왜구 토벌

왜구의 침입은 조선에 들어와서도 계속되었다. 건국 직후인 1392(태조 1)~1443(세종 25)년까지 왜구 침입이 무려 155여 차례나 있었다. 처음 십 년간은 일 년에 열 번이 넘는 경우도 여러 번 있었다. 조선 역시 나라 기틀을 다지기 위해서는 왜구를 단속하여 남쪽 변경의 평화를 확보하는 것이 최대 과제였다. 조선의 역대 왕들은 왜구 금압에 각별히 신경을 썼다.

조선은 왜구 단속을 일본의 무로마치 막부 장군과 이마카와 등 큐슈 호족 등에게 부탁하였다. 이마카와는 조선에 아주 협조적이었다. 그는 북큐슈 및 이키·대마도에 있는 조선인 피로인을 상당수 송환해 왔는데, 대장경, 불경 등을 구하기 위해서였다. 그러나 조선이 기대한 만큼의 효과를 거두지는 못했다.

조선은 왜구를 직접 토벌하는 무력 강경책을 구사하고, 세종 즉위 후 곧바로 단행하였다. 왜구들이 모두 대마도 사람은 아니었지만, 대마도 사람으로 확인되는 경우가 많았다. 세종의 명을 받은 이종무는 1419년 6월 병선 227척에 17,285명의 병력과 65일 분의 식량을 싣고 거제도를 나선지 이틀만에 대마도의 아소만을 공격하여 적선 130여 척을 사로잡았다. 그리고 오사키尾崎의 쯔치요리豆知浦, 土寄에 정박하여 대마도주에게 항복하여 조선 교화에 응하도록 하라는 문서를 보냈다. 그러나 답신이 없었기 때문에 조선군은 대마도 각지를 토벌하여 가옥 2,000호를 불태우고 왜구 백여 명을 죽였다(오에이노와코應永の外寇). 1420년 윤 1월 대마도주는 이종무에게 군사의 철수와 수호를 간청하는 한편, 조선 변경을 지키는 울타리를 자처하고 속주가 될 것을 요청해 왔다. 조선은 대마도를 경상도에 예속시키고 모든 보고는 경상도 관찰사를 통해서 하도록 했다. 이 소식을 전해들은 일본 무로마치 막부는 대장경을 구입한다며 진상규명을 위한 사자를 파견하였다. 이에 세종은 회례사* 송

---

* 회례사 임진왜란 이전 조선이 일본에 보낸 국왕 사절은 통신사通信使·통신관通信官·회례사回禮使·보빙사報聘使 등 명칭이 다양했으나, 회례사란 무로마치 막부 장군이 보낸 사절에 대한 답례사절의 의미다.

아소완의 오사키[14]

희경宋希璟을 무로마치 막부 장군 아시카가 요시모치足利義持에게 파견하여 토벌 배경을 설명하였다. 일본의 반대로 대마도의 속주화 문제는 철회되고 말았지만 토벌 효과는 있었다.

침략자에서 장사꾼으로

대마도 토벌 후, 조선은 왜구를 달래어 조선에서 만든 통교 규정에 따르게 함으로써 그들을 약탈자에서 평화적인 장사꾼으로 전환시켜 갔다. 시간은 걸렸지만 이것이 효과를 보았다. 우선 조선은 사자의 명칭을 띠고 오는 일본인을 '사송왜인使送倭人', 소금이나 어물을 사고 팔기 위해 오는 대마도인을 '흥리왜인興利倭人', 조선 연해를 침범했지만 조선에 투항한 자를 '투항왜인投降倭人(향화왜인)'이라 하여 받아들이고 접대하였다.

처음 조선은 이들을 어느 포구에서든지 받아들였으나, 무질서하게 왕래해 오는 바람에 포구를 셋으로 한정하여 1426년 '3포제도'를 실시하게 하였다. 조선의 3포(부산포·염포·제포)에는 대마도 사람을 포함한 일본인들이 자기 가족을 데리고 와 상주하면서 무역과 어업에 종사하게 되었다. 그리고 마침내 1441(세종 23, 嘉吉 1)년에는 대마도 어선이 거제도까지 와서 어로 작업을 해도 좋다는 허락이 있었다. 이는 바로 왜구가 종식되었기 때문에 가능한 것이었다.

조선 벼슬을 받은 대마도인

신숙주가 쓴 『해동제국기海東諸國紀』에 따르면 15세기 대마도에는 82개의 나루에 8,000여호가 분산되어 살고 있었다. 이들은 조선을 비롯해서 큐슈와 교역을 하면서, 또는 어업을 하거나 소금을 만들어 팔았으며, 각 포구에는 옛날부터의 토착세력과 소오씨 일족이 세력을 장악하고 있었다.

이들 가운데는 '수직왜인受職倭人'이라 하여 조선의 벼슬을 받은 사람들이 상당수 있었다. 대마도 왜인의 두목들로 조선에 투항한 사람들을 비롯하여, 왜구 단속에 협력했거나, 왜구에 붙들려간 포로들을 찾아 데려옴으로써 조선에 협력한 자들에게 벼슬을 주었던 것이다. 수직왜인들이 받은 관직은 대개 무관武官직이었다. 비록 실권은 없지만 대마도를 남쪽 번병으로 인식하여 남쪽을 지킨다는 의미가 내포되어 있다.

대마도의 수직왜인 가운데 대표적인 인물로는 오사키의 소다早田일족을 들 수 있다. 이들은 원래 해적이었으나 조선뿐 아니라 멀리 떨어진 류큐(현재 일본의 오키나와)와도 통교를 맺기도 하였으며, 4대에 걸쳐 일곱 명이 조선 관직을 받았다. 이들의 후손은 지금도 오사키에 살고 있으며, 조선이 히코사부로皮古三甫羅 등에게 준 임명장(告身)이 세 장이나 전해지고 있다. 1444(세종 26)년에서 1510년 사이에 조선으로부터 관직을 제수받은 일본의 수직왜인은 모두 90명이었는데, 그 중 대마도인이 52명이나 되었다.

신숙주의『해동제국기』[15]

수직왜인이 이렇게 많았던 것은 무슨 이유일까? 수직왜인은 명분상 조선 관리가 되었기 때문에 조선으로부터 관직을 제수한다는 임명장과 관복을 받았다. 이때 받은 관복을 입고 일 년에 한 번만 서울에 올라와 조선국왕을 알현하고 예물을 진상하면, 가지고 온 것보다도 훨씬 많은 하사물을 받을 수 있었다. 소위 '조공朝貢무역'이라는 것으로, 이 기회를 틈타 예물 이외에 다른 물건도 신고와 장사를 하기도 했으므로, 조선국왕을 알현한다는 것은 엄청난 경제적 특혜를 보장해 준 것이나 다름 없었다. 수직왜인은 조선으로부터 한 번 제수를 받으면 그 자손들도 아비의 관직을 물려받을 수 있었다. 그것은 대단한 특혜조치였다.

그러나 대마도 사람들이 조선 무관 벼슬을 받았다고 해서 대마도가 영토적으로 조선의 속주가 된 것은 아니었으며, 행정적으로 조선의 지배를 받는 것도 아니었다. 관직을 받은 수직왜인이 개인적으로 조선과의 정치적인 관계를 이용해서 경제적 활로를 찾는 한편, 대마도 내에서 영향력을 발휘했던 것이다. 조선은 수직왜인이라는 제도를 통해 왜구를 종식시킬 수 있었다. 대마도 입장에서는 조선의 정치·경제적인 영향권 안에 들어가는 것이 그들이 안정적으로 살 수 있는 길이기도 하였다.

대마도는 조선의 입국 허가서 발행 대행 기관

왜구 금압 이후 조선에 오는 대마도와 일본인들의 숫자가 폭증하면서, 조선측이 이들을 순수하게 대접하는 비용만도 쌀로 일 년에 일만 석이 넘었다. 조선은 무질서한 입국을 막기 위해 오늘날의 여권과 입국 허가를 겸한 '도항증명서' 제도를 실시하였다. 입국을 증명한다는 공적인 편지(서계書契)와 그곳에 찍힌 도장이 도항자의 진위를 가리는 잣대가 되었다. 서계는 사자를 파견하는 사람이 조선정부 앞으로 보내는 외교문서지만, 도항자의 인적 사항이나 도항 목적이 적혀 있기 때문에 입국 증명서나 마찬가지였다. 조선은 대마도인의 경우 대마도주의 서계를 지참해야만 입국을 허락하였고, 그 나머지는 큐슈 영주의 서계를 가져 오도록 하였다.

그런데 이들 서계 중 가짜가 속출하자, 위조서계를 막기 위해 조선에서는 동인銅印(도서圖書)을 서계 발급자에게 주어 날인시킴으로써 서계는 반드시 이 도서를 받아야만 그 효력이 인정되었다. 이것이 곧 '도서제도'로서 도장을 받는 사람을 '수도서인受圖書人'이라 했다. 수도서인이 되면 일 년에 몇 척이나 되는 배를 조선에 보내 장사할 수 있었으므로 해마다 신청자가 쇄도하였다. 1471(성종 2)년 32명의 수도서인 가운데 대마도인이 23명이나 되었다. 대마도주 소오씨가 조선의 수도서인이었던 것은 말할 것도 없다

이밖에 문인文引이라는 것도 대마도주의 요청에 따라 1438년부터 실

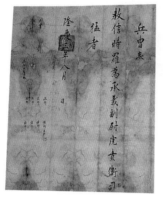

조선이 소다씨 일족에게 내린 告身[16]

시하게 된 도항증명서의 하나로, 조선에 건너가는 모든 배는 대마도주의 도항증명서인 문인을 발급받도록 하였다. 이 때문에 과거에 아무리 수도서인 자격을 얻은 자라 하더라도 대마도주의 문인이 있어야만 조선에 올 수 있었다. 소오씨는 문인 발행에 대한 수수료 및 교역물품에 대한 세금을 바탕으로 대마도 내에서 권력을 강화해 나갈 수 있었다. 조선측에서 본다면 일본과의 창구를 소오씨 하나로 정리하는 것이야말로 일본의 각종 도항자들을 '저비용 고효율'로 관리하는 일이기도 했다.

동아시아 해역의 안정과 국제센터, 사카

사카佐賀는 대마도 북부에 있는 포구로 15세기 당시 이미 오백여 호가 살고 있었다. 15세기 후반 소오 사다쿠니宗貞國가 대마도주의 본거지를 남부의 후쮸府中(현재 이즈하라)로 옮기기 전까지는 4대에 걸쳐서 이곳이 대마도의 중심이었다. 그러나 단지 대마도주의 집이 있었기 때문에 중심이라는 뜻은 아니다. 사카는 대마도주인 소오씨 일족과 그들의 가신家臣(대관)을 비롯하여, 이키 등에서 이주해 온 해적의 후예, 또는 조선에 갔다가 돌아온 향화왜인들로 북적대었다. 특히 15세기 중엽에는 조선이 무질서하게 조선을 찾는 일본인들을 제한하기 위해 조선에 도항하는 모든 배로 하여금 반드시 대마도주의 문인(도항 증명서)을 받아오도록 하였다. 이 때문에 사카에는 이들 배를 통제하기 위한 출입국관리사무소(세키쇼關所)가 생기고, 실무를 맡았던 대마도주의 가신들이 여러 명 거주했다. 대마도를 비롯하여 일본 각지, 멀리는 류큐(현재 오키나와)에서도 이 문인을 받기 위해 사카에 들러야 했다.

15세기 중반 조선의 노력으로 왜구 활동이 소강상태에 들면서 왜구들이 점차 약탈자에서 평화적인 장사꾼으로 변해가자, 사카는 장사꾼이 된 일본인과 외국인, 그리고 대마도인들이 조선과 여러 가지 형태로 통교하는 과정에서 반드시 들러야 하는 '국제 센터'가 된 것이다. 대마도는 조선 주도하에 질서가 잡혀가는 동아시아 해역의 길목에서 조선의 출입국 업무를 대행함으로써 단순한 장사꾼을 넘어 그들 나름대로 외교감각을 익힐 수 있게 되었다.

동쪽 번병 대마도와 각종 특혜

조선이 대마도에 대해 일본의 각종 통교자를 통제하는 대가로 이렇게 여러 가지 교역상의 특권을 주면서 조선의 품안으로 끌어 안는 정책을 취한 결과, 일본과의 관계에서 대마도주가 차지하는 비중은 한층 더 커지게 되었다. 1443(세종 25)년의 계해嘉吉약조*는 대마도주의 특권적인 위치를 더욱 더 확고히 하는 계기가 되었다. 대마도주는 조선으로부터 해마다 세사미두歲賜米斗라 하여 이백 섬의 쌀과 콩을 받게 되었으며, 조선으로부터 도장(도서)을 받은 수도서인이기도 했으므로 일 년에 50척까지 무역선을 파견할 수 있었다.

대마도는 동銅·호초胡椒(후추)·소목蘇木 등을 가지고 와서 조선으로부터 목면 등 물품을 수입해 일본 국내에 내다 팔고 치쿠젠筑前(후쿠오카켄福岡縣)의 하카타博多에서 조선으로 보낼 물목을 구했다. 중세이래 대마도 소오씨가 큐슈의 쇼니씨를 주군으로 섬기고, 1478년 오우치씨가 주군 쇼니씨를 큐슈에서 완전히 멸망시킨 이후에도 오우치씨와 우호관계를 유지했던 것은 조선무역을 원활히 추진하기 위해 무역항 하카타를 확보할 필요가 있었기 때문이었다. 이렇게 해서 15세기 후반 대마도

---

* **계해약조** 일본에서는 카키츠嘉吉의 약조라 한다. 계해약조의 성립시기·내용·교섭 당사자에 대해서는 여러 설이 있으나, 세종 25년 8~10월경, 대마도에 파견되었던 이예가 주도하여 체결했다는 설이 유력하다.

주 소오씨는 조선무역 독점이라는 특혜와 무역항 하카타 확보를 통해서 얻는 무역 이윤을 바탕으로 도내에서의 토착 세력과 소오씨 일족을 완전히 장악할 수 있었다.

조선이 대마도에 대해 각종 특혜를 허락한 것은 조선의 동쪽 울타리를 지키는 것에 대한 대가라는 인식이 있었기 때문이었다. 따라서 대마도는 반드시 사송선의 형식을 취하여 조선국왕에게 조공물을 헌상하는 형식을 취해야 했다. 대마도가 큐슈의 쇼니씨를 주인으로 섬기면서, 또 한편으로 외교적 의례를 치르면서까지 조선의 영향권 안에 있었던 것은, 조선무역 독점과 '조선-대마도-하카타'로 연결되는 무역로의 확보라는 그들의 생존과 직결된 경제적인 이유가 있었기 때문이었다.

1510년 대마도인을 비롯하여 3포에 거주하는 왜인들이 소요를 일으킨 이후, 조선은 대마도와 통교를 단절해 버렸다. 1512년 임신약조를 계기로 무역이 부활되긴 했지만, 액수는 줄어들었다. 이에 불만을 느낀 대마도인들은 1544년에는 사량진에서 왜변을 일으키고, 또 1555년에는 달량포에서 왜구들이 을묘왜변을 일으켰다. 조선은 대마도에 대한 응징으로 일시적으로 무역 단절이라는 조치를 취하긴 했지만, 무역량을 이전보다 줄어버리는 수준으로 회복시킴으로써 대마도와의 무역 자체를 아주 끊어버리지는 않았다. 대마도는 조선과의 무역량을 계해약조 수준으로 되돌리기 위해 16세기 중반 이후 후기 왜구의 조선 해안 출현이나 황당선에 대한 정보의 제공 등 온갖 노력을 기울였지만, 결코 계해약조 수준으로 되돌아가지는 않았다. 16세기 조선을 방문하는 일본 각지의 외교사절 및 류큐琉球의 외교사절 가운데는 가짜 외교사절이 많았다. 외교문서를 위조하거나 존재하지도 않은 통교자의 명의로 문서를 발급해오는 위사僞使가 많았는데, 이것 역시 교역량을 늘려보려는 대마도의 고육지책 가운데 하나였다. 그러나 대마도의 조선무역 독점은 토요토미 히데요시豊臣秀吉의 조선침략 직전까지 계속되었다.

토요토미 히데요시의 조선침략과 대마도

병참기지가 된 대마도

무로마치 막부 말기 전국戰國시대의 혼란을 통일하고 1585년 관백*이 된 토요토미 히데요시豊臣秀吉는 이미 이때부터 중국 대륙 정복을 꿈꾸고 있었으며, 큐슈 평정을 계기로 구체화되었다. 1587(선조 20)년 5월 히데요시가 큐슈의 시마즈島津씨를 토벌하기 위해 사츠마薩摩에 왔을 때, 당시의 도주 소오 요시시게宗義調는 가신 야나가와 요시노부柳川調信를 사자로 파견하여 그를 만나게 했다. 히데요시는 이때 조선 출병 및

---

* 관백 천황을 보좌하여 천하를 다스리던 중직. "참여하여 아뢰다"라는 의미로, 일본에서 천황을 보좌해 정무를 보던 최고 직책을 말한다. 9세기에 시작되어 1867년 왕정복고에 의해 폐지되었다. 토요토미 히데요시는 1585년부터 이 호칭을 사용하였다.

조선 국왕으로 하여금 일본에 입조하라는 의사를 내비쳤다. 그리하여 요시시게는 1587년 9월 가신을 일본 국왕사로 꾸며 조선에 보내 히데요시가 일본 국왕이 되었다는 일본 정세의 변화를 설명하고 히데요시의 명령과는 달리 통신사 파견을 요청하였다.

소오 요시시게는 조선이 일본의 요구를 납득할 리도 없고, 조·일간에 문제가 생겨 무역이 단절될 것을 두려워하여 되도록 조선 출병을 피하려 했다. 그러나 히데요시의 명을 거절할 경우 대마도의 영지에 관한 권한을 몰수당할 지경에 있었으며 목이 달아날 수도 있었다. 소오 요시시게는 이제 막 20세가 된 그의 아들 요시토시義智에게 도주 자리를 넘기는 수밖에 도리가 없었다. 1588년 요시시게는 아들 요시토시와 함께 하카타 진중陣中에 있는 히데요시를 방문하여 대마도 지배를 인정받는 대신 히데요시에게 충절을 맹세하기에 이르렀는데, 히데요시는 다시 소오 요시토시에게 조선으로 하여금 일본에 조공을 바치도록 할 것을 지시하였다.

1589년 6월 소오 요시토시·겐소玄蘇 일행은 일본 국사 자격으로 한성에 가서 선조에게 히데요시의 의향을 전했다. 조선은 히데요시가 국왕의 지위를 찬탈한 것으로 간주하고 여러 가지 논의가 있었지만 수로가 멀어 길을 잘 알지 못한다는 이유로 통신사 파견 요청을 거절하였다. 그 대신 선조는 1587년 전라도를 침구한 왜구에 붙잡혀간 피로인을 송환해 오는 조건으로 사자 파견을 결정하였다. 1590년 11월 조선 통신사 황윤길黃允吉·김성일金誠一이 쿄토京都의 쥬라쿠다이聚樂第를 방문했을 때 히데요시는 이들을 복속사절로 알고 있었다. 이에 중국 정복 의사를 밝히는 한편, 조선이 길 안내를 맡아줄 것을 국서國書로 요청하였다. 히데요시는 국서에 조선 출병을 밝히지 않았지만, 명을 정복하고 나아가서 인도까지도 공격하겠다는 황당한 생각을 가지고 있었던 만큼, 목적 달성을 위해 조선 침략이 첫 목표가 되었던 것만은 분명하다*.

통신사들의 귀국 후 히데요시의 의사는 조선 국왕에게 전달되었다. 히데요시가 과연 조선을 침략할 의사가 있는지 없는지에 대해서는 논란 끝에 전쟁을 일으킬 의사가 없다는 쪽으로 결론이 났다. 이를 서인과 동인간 당쟁의 폐해로 보는 견해도 있으나, 전쟁 위기를 조성할 경우 국내외적인 혼란을 우려한 때문이기도 하였다. 그렇지만 이러한 판단착오는 한편으로 일본을 우습게 보아온 전통적인 일본관 때문이라는 지적도 있다. 따라서 조선에서는 히데요시군이 쳐들어오기 직전까지 이렇다 할 군비가 없었다. 조선은 통신사를 따라 조선에 들어온 대마도 사자 겐소 일행에게도 히데요시에게 보내는 답서를 주지 않음으로써 '정명가도征明假道' 거부를 표명하였다.

---

* 히데요시의 조선 침략에 대해서는, 명과의 勘合무역을 회복하기 위해서였다고 보는 이도 있고, 국내 통일 후 영주에게 줄 영지 확보를 위해 국내 통일의 연장 선상에서 조선을 침략한 것이라고도 한다. 또 명·인도까지 일본의 속국화 하려는 히데요시의 명예욕이 결정적이었다는 등 여러 설이 있다.

조선 침략을 결심한 히데요시는 1591년에는 전국의 다이묘大名*를 쿄토에 불러 조선 출병을 선포하였다. 다이묘들에게 병선 제작을 명하고, 히젠 나고야肥前 名護屋(사가켄佐賀縣)에 전략도시(本城)를 비롯하여 이키와 대마도에 산성山城을 쌓도록 하는 등 병참기지 건설을 지시하였다. 그 결과 나고야성을 중심으로 반경 3킬로미터 안에 약 120개에 이르는 다이묘들의 병영(陣)이 분포되었다. 히데요시는 그가 신임하던 부하 코니시 유키나가小西行長의 딸(마리아)을 제 22대 대마도주 소오 요시토시와 결혼시켰는데, 이 결혼도 조선 침략을 위한 전략이었다. 코니시 유키나가와 같은 크리스챤 다이묘들이 전쟁에 참가했던 것은 조선 침략 제 1군으로 편성되었던 큐슈 서북부의 다이묘들 가운데 크리스챤이 많았기 때문이다. 이들은 히데요시의 영지 몰수 및 크리스트교 탄압으로부터 벗어나기 위해 전쟁에 참여한 일면도 있었다.

그 결과 대마도는 임진왜란·정유재란 때 앞장서서 조선 침략의 길잡이 역할을 하였으며, 코니시와 한 조가 되어 임진왜란이 끝나 종전 교섭을 할 때까지 함께 참전하였다. 20만 명이 넘는 일본군의 조선 공격은 바로 코니시와 소오 요시토시의 제 1군단(약 18,700명)으로부터 시작되었다. 1592년 4월 제 1군은 가장 먼저 부산에 도착하여 도착한

---

* 다이묘 전국시대 각 지방에 할거하던 대영주로 토호 등을 가신단으로 조직하여 일정 지역의 정치·경제를 지배하였다.

나고야죠名護屋城. 토요토미 히데요시가 조선 침략을 위해 쌓은 전략도시. 지금은 성벽만 남아 있다.[17]

시미즈야마죠清水山城(↗). 임진왜란 때 역성의 하나로 대마도에 세워진 성으로, 이즈하라 시내에서 보이는 곳에 위치해 있다.[18]
카츠모토산성(→) 임진왜란 때 이키에 세워진 성[19]

날부터 부산진성에 이어 동래를 공격하였다. 이를 시작으로 5월에 한양, 6월에 평양, 8월에는 함경도가 점령당했다. 일본군의 전략은 육군이 요동을 경유하여 명을 침략하는 것이었으며, 여기에는 한반도를 북상해온 일본수군으로부터 보급을 받으며 황해를 거쳐 직접 명으로 쳐들어간다는 전략도 있었다. 그러나 이러한 전략은 권율 및 이순신의 거북선과 수군 활동, 의병의 게릴라전, 명의 원군 활동으로 좌절되었다.

임진왜란은 제1군이 부산에 도착하던 첫날부터 기습적으로 공격을 개시하여 수많은 조선인을 학살하고 마을을 불태우는 등 피해가 엄청나고 처참하기 짝이 없었다. 전국 328개의 관읍 중 50퍼센트 이상이 일본군에 유린당했으며, 7만 명에 달하는 전사자와 실종 군인에 15~20만 명으로 추산되는 양민들이 피로인으로 일본에 붙잡혀 갔다. 인구 감소는 말 할 것도 없이 가족관계 마저 파괴되어 조선이 입은 정신적 물질적인 피해는 말로 다 할 수 없었다.

히데요시의 조선 침략은 좌절되었지만 조선의 촌락이 방화를 당하고 집단 학살을 당하는 등 피해가 컸던 것은 히데요시의 조선에 대한 정보 부족과 잘못된 대외인식, 그리고 히데요시와 조선 사이에서 피해를 입지 않으려는 대마도의 전략 탓도 있었다. 히데요시는 조선이 어디 붙어 있는지도 몰랐으며, 심지어 조선을 대마도의 지배를 받는 속령으로 알아 무력으로 조금만 위협하면 간단히 복종시킬 수 있는 정도로 여겼었다. 조선의 '정명가도' 거절은 히데요시로서는 뜻밖의 일이었다.

대마도는 이를 관철시키지 못한 것에 대한 히데요시의 보복을 두려워하여 의병들의 투쟁 등 조선인의 민족적인 저항을 반란으로 호도했고, 그러기 위해서는 상륙 첫날부터 기습적인 공격이 불가피했다. 반란으로 인식한 히데요시 또한 다른 민족이나 외국과의 전쟁이 아니라 국내 평정의 차원에서 일벌백계罰百戒적인 응징으로 대했기 때문에 참혹한 전쟁이 될 수밖에 없었다고 한다.

히데요시의 조선침략은 조선을 비롯하여 전쟁에 참가한 삼국 및 대마도에 엄청난 영향을 미쳤다. 명과 일본에서는 정권이 교체되었다. 조선에서는 정권 교체까지는 일어나지 않았지만, 엄청난 인명 피해와 정치세력의 변동, 경제 및 생산시설의 파괴, 사회 혼란을 가져왔다. 그리고 국제관계, 특히 일본과의 관계에 있어서는 기존의 신뢰 관계가 파괴되었다. 같은 하늘 아래 결코 얼굴을 맞댈 수 없다는 적대의식이 팽배하였으며, 대마도에 대해서도 대마도 사람들이 와서 무역하는 것을 일체 금지하였다. 그러나 조선은 대마도 및 일본과의 관계를 전후 체제에서 다시 수립하지 않으면 안되었다.

조선, 대마도의 젖줄을 끊다

히데요시는 조선 침략 전쟁을 수행하던중(1595년) 대마도주 소오 요시토시의 다년간에 걸친 공로를 인정하여 사츠마薩摩의 이즈미出水郡에 약 일만 석에 달하는 영지를 주었다. 그러나 대마도가 병참기지가 되면서 대마도 자체도 곤궁을 면치 못했다. 조선 사정을 잘 알고 있다는 이유로 코니시 유키나가小西行長의 제 1군단에 편성된 대마도에는 5,000명에 달하는 군사를 동원하라는 군역軍役이 부과되었다. 대마도 안에서 16~53세에 이르는 모든 남자가 동원되었으나 이것도 모자라 다른 곳의 죄수를 데려와 보충했다. 뿐만 아니라 대마도가 조선 침략의 최전선에서 전략 및 보급 기지로 총동원됨에 따라, 일본 본토로부터 한꺼번에 수많은 군인들이 들어와 체류하는 바람에 대마도 자체도 굶주림에서 벗어나지 못했다.

조선은 건국 이후 조선으로부터 각종 특혜를 받아 기득권을 누리던 대마도가 토요토미 히데요시의 침략 전쟁에서 길잡이 역할을 한데다, 실제로 참전한 것에 대한 보복으로 무역을 끊어버렸다. 조선과의 무역 단절이란 그동안 조선이 지급하던 쌀·콩 등을 비롯하여 사송선 파견, 각종의 경제적 특혜를 중단한 것으로 갓난아이에게서 어미의 젖줄을 끊는 것과 마찬가지였다. 대마도인은 생계의 곤란을 면치 못했으므로, 조선과 일본의 틈바구니 속에서 그들의 젖줄인 무역을 부활시키기 위한 명분과 기회를 찾기 위해 필사적으로 노력했다.

왜란 이후 다시 조일 외교의 '중앙'에 선 대마도

토쿠가와 바쿠후의 '다이묘 대마번'

조선 침략의 원흉인 토요토미 히데요시가 정유재란이 치루어지고 있던 중에 죽었다. 당시 일본에 들어와 있던 크리스트교 선교사들이 남긴 기록을 보면, 전쟁 초기 영주들 사이에서는 내심 전쟁을 꺼려하는 염전厭戰의식이 팽배해 있어서 히데요시가 조선 침략을 위해 쿄토를 비우는 동안 일본 내에서 모반이 일어날지도 모른다는 분위기도 있었다고 한다. 히데요시의 죽음으로 조선 침략전쟁이 끝나자, 일본 장수들은 조선의 남해안에 모여 언제 있을 지 모를 조선군의 반격을 피해 서둘러 일본으로 떠났다. 두 차례의 전쟁을 치르는 동안 경상도 울산에서 전라도 순천에 이르는 해안가 요충지에는 연락 및 보급·철수의 편의를 위한 나선형의 일본식 산성倭城이 30개나 축성되었다. 코니시 유키나가가 쌓았다는 웅천熊川(현재 진해시) 왜성도 가덕·거제 해역에서의 병선의 움직임을 한눈에 파악할 수 있는 절벽 같은 곳에 세워졌다. 그렇지만 바다에서 보면 배에서 내리자마자 바로 왜성으로 들어갈 수 있는 해변가에 입지하고 있어 유사시에 잠시도 지체하지 않고 도망갈 수 있게 되어 있다.

전후 처리 과정에서 토쿠가와 이에야스德川家康와 토요토미 히데요시의 잔당간에 세키가하라關ヶ原 싸움이 있었다. 이 싸움에서 이긴 토쿠가

와 이에야스는 일본을 통일하고 1603년에 '쇼군將軍'*이 되었으며, 에
도江戸에 막부幕府(바쿠후)를 세웠다.

토쿠가와 막부의 쇼군은 관제상으로는 일본 '텐노天皇'의 신하에 불
과했다. 실권은 없으나 텐노는 정치·외교적으로 일본의 국왕이었으므로,
막부 쇼군이 텐노를 제껴두고 국왕이 될 수 없었다. 이는 막부 내에 외
교를 전담할 수 있는 부서나 직책을 둘 수 없다는 것과 마찬가지였다.
그 결과 막부는 대마도를 통해 간접적으로 조선과 교섭을 하는 수 밖에
없었다. 전쟁 이후 대마도는 조선과 일본의 화해 교섭을 맡아 1607(선
조 40)년에는 다시 통교가 트이게 되었다. 대마도는 막부로부터 그 외
교 능력을 인정받아 조선과의 통교를 대신해 주는 대가로 조선과의 무
역에서 얻는 이윤을 독점할 수 있는 권리를 인정받았다. 그리고 히젠肥
前(사가켄佐賀縣)의 키이基肄와 야부養父의 2군을 영지로 받았다. 대마도는
막번 체제하에서 10만석급에 해당하는 영주가 되었으며, 국교 재개 교
섭을 주도했던 소오 요시토시는 『종사위하시종대마수從四位下侍從對馬守』
라는 관직을 받고 제 1대 '대마번주對馬藩主'가 되었다. '바쿠후 쇼군'의
신하가 된 대마번주가 쇼군을 섬겨야 할 의무를 진 것은 물론, 쇼군이

---

*쇼군 고대에는 북방의 에조를 정벌하기 위한 원정군의 지휘관을 일컫는 말이었으나,
카마쿠라鎌倉시대 이후부터는 무력과 정권을 장악한 무가정권으로서의 막부의 주권
자를 칭하게 되었다. 카마쿠라시대에는 源氏, 무로마치시대에는 足利氏, 에도시대에
는 德川氏가 쇼군직을 계승하였다.

웅천왜성. 코니시 유키나가가 쌓은 것으로 성벽에 올라가보면 바로 앞에 거제도가 보인다.[20]

가신으로부터 예물을 받는 다이묘, 대마번주[21]

있는 에도와 대마도를 번갈아가며 근무도 해야 하는 270여 명의 다이
묘 대열에 끼게 되었다.*

조선의 대일본 외교 창구가 된 대마도

*參勤交代(산킨코타이) 에도바쿠후가 지방의 다이묘大名를 통제하기 위해 정기적으로
에도에 참근시킨 제도. 1635년에 제도화된 이후, 다이묘들은 1년은 지방에 있는 자신
의 영지에, 1년은 에도에 체류하게 되었는데, 복속의례의 하나로서 참근하지 않는 경
우 바쿠후에 대한 반역으로 간주되었다. 이 제도로 다이묘들은 거액의 경비를 지출하
게 되었으나 전국의 교통망이 발달하기도 하였다.

조선은 왜란 이후 대마도에 대한 응징으로 무역을 단절하였다. 그러나 단절의 장기화로 대마도가 다시 왜구로 변하는 것을 원치 않았다. 전쟁으로 헝클어진 사회 기강을 바로 세우고 쓰러진 경제를 다시 살리기 위해서는 일본의 재침이 있어서는 곤란했다. 일본과의 평화를 통한 남변의 안정이 중요하다고 여긴 조선은 일본측이 제기한 국교 회복이 대마도가 무역로를 부활시키기 위해 꾸며낸 일이 아니라, 새로 들어선 토쿠가와 막부의 요구라는 것을 확인한 후 국교 재개 교섭을 추진했다. 그리하여 1607년에는 국교 재개를 알리는 조선측의 외교사절 정사 여우길呂祐吉(제1회 회답겸쇄환사)을 일본에 파견하는 한편, 이번 교섭에 힘쓴 대마도와도 1609(광해군 1)년 기유약조를 맺어 다시 무역을 할 수 있도록 허락했다. 대마도주에게 왜란 이전과 마찬가지로 세사미두도 주고 문인 발급의 수수료도 받을 수 있도록 하는 한편, 조선정부의 수도서인으로서 세견선 파견도 허락하였다. 대마도는 이러한 경제적인 기득권을 통해서 얻는 이익으로 다시 대마도 살림을 꾸려나갔다.

조선이 대마도에게 경제적 특혜를 인정했던 것은 왜란 이전과 마찬가지로 대마도를 조선의 동쪽 울타리로 여겼기 때문이다. 따라서 대마도 사자로 하여금 조선국왕에게 진상예물을 바치는 등 조공적인 의례를 치르도록 하였다. 대마도는 내심 부산을 향해 떠나는 모든 대마도 배가 실제로는 장사차 떠나는 상선이라는 생각을 가지고 있었다. 그러나 그들의 젖줄이라 할 수 있는 조선과의 무역로를 계속해서 확보할 수 있다면, 신하와 같은 예를 치르는 것도 생존을 위한 하나의 외교기술이었다. 그 결과 대마도는 '바쿠후 쇼군'의 신하로 있으면서, 한편으로는 조선의 대일본외교 창구 역할을 했던 것이다.

통신사 초빙교섭 등, 외교의 독점

조선과 일본간 다시 통교가 시작되었다고 해도 양국의 사절이 서로 왕래하지는 않았다. 조선에서만 통신사를 일본으로 파견했다. 텐노의 신하였던 막부의 '쇼군'이 조선에 직접 사자를 파견할 처지가 못되었으므로, 대마도 사자들이 막부를 대신해서 조선에 왔다. 그러나 부산을 벗어날 수 없었다. 왜관 밖 객사에 설치된 조선국왕의 이름을 새긴 전패에 대고 인사를 할 뿐이었다. 조선 국왕을 알현하기 위해 일본의 외교사절들이 이용하던 상경로가 임진·정유왜란 당시 침략로가 됨에 따라, 조선이 일본 사행이나 상인의 상경을 일체 거절했기 때문이다.

대마도가 막부를 대신하여 치르는 외교업무 중 가장 중요한 것은 역시 뭐라해도 조선의 통신사를 일본으로 초빙하는 일이었다. 이 통신사는 지금 별 생각없이 '조선통신사'로 부르고 있지만, 당시 조선에서는 일본에 파견하는 통신사행이라는 의미에서 '일본통신사'라고 했다. 일본의 정치적 안정이나 막부 장군의 습직을 축하하기 위해 파견되는 통신사는 총인원이 400~500명 규모로 전쟁 직후 포로들을 찾아오기 위한 '회답겸쇄환사回答兼刷還使'를 포함하여 260년 동안 모두 12번에 걸쳐 파견되었다. 이들

1811년 신미통신사 일행이 귀국하기 위해 승선했을 때 대마번주가 예인선 20척과 호송
선을 제공하여 뱃길을 인도하는 모습. 이 중 호송선은 통신사들이 탄 기선騎船을 부산까
지 수행했다.[22]

의 임무란 조선 국왕의 국서를 전달하고 토쿠가와 막부德川幕府 장군의 답서를 받아 오기 위한 것으로, 일본 땅에 발을 들여 놓은 후 쇼군이 있는 에도江戶까지 해로와 육로를 왕복하는데 어느 때의 사행이건 거의 6개월에서 1년 가깝게 걸렸으며 아주 융숭한 대접을 받았다고 알려져 있다.

대마도는 토쿠가와 막부의 명을 받아 통신사를 초빙하고 싶다는 막부의 뜻을 조선에 전하는 교섭부터 시작하여, 대마도에서 에도까지 왕래하는 동안에는 대마도 번사藩士들이 뱃길과 육로를 처음부터 끝까지 수행하였다. 또 통신사가 귀국할 때에도 뱃길의 안전을 위해 조선까지 수행했었다. 말하자면 통신사의 초빙 교섭에서부터 안내가 대마도의 맡은바 임무였는데, 통신사 일행에 대한 접대를 준비하는 쪽에서 보자면 결코 간단한 일이 아니었다.

대마도는 통신사 초빙 시기가 결정되고 나면 통신사가 실제로 일본 땅을 밟기 훨씬 이전부터 준비에 들어갔다. 초빙 이전 대마도에서의 숙박을 위한 가건물의 건설이나 침구 제작 등을 비롯한 각종 준비에서부터 통신사가 귀국한 후의 결산 등 뒷정리까지를 포함한다면 대마도의 통신사 접대 기간은 보통 3년 이상이었다고 할 수 있다. 게다가 통신사들은 1년을 전후한 오랜 외국 여행으로 인해 지칠대로 지쳐 있었으며, 통신사들이 대마도에 대해 가지고 있는 무시나 편견으로 인해 에도까지 왕복하는 동안 반드시 우호적인 분위기로 일관한 것만은 아니었다. 물론 1년 가깝게 함께 여행을 하면서 통신사 일행과 대마도 사람들이 많은 접촉을 통해 서로 이해하고 정이 들기도 했지만 때로는 인식 차이로 인해 긴장 국면이 조성되기도 했다. 그럼에도 불구하고 국가 차원에서 치르는 통신사 초빙이라는 국제적 행사는 외교의례나 주고받는 외교문서 등, 하나라도 소홀히 할 수는 없는 아주 조심스러운 문제였다. 외교 마찰로 비화될 경우 대마도는 막부로부터 불이익을 당할 수도 있었기 때문에 대마도 자체도 스트레스를 받았다. 그러나 1607년의 '회답겸쇄환사'로 시작하여 마지막 통신사행인 1811년 신미통신사 때까지 대마도의 맡은바 역할을 무사히 수행해냈다. 1811년은 통신사 초빙 장소가 에도에서 대마도로 변경되었기 때문에 '역지빙례'라고도 부르는데 대마도가 막부를 대신하여 전례 없는 외교의례를 치뤘기 때문에 어느 때보다도 부담이 많이 가는 행사였다. 그러나 대마도는 1811년 신미 통신사 초빙 이후에도 통신사교섭을 계속하였다. 비록 초빙장소는 에도에서 오사카와 대마도로 변경을 거듭하였지만 막부가 무너질 때까지 통신사 초빙 교섭을 계속하다가 메이지유신明治維新을 맞았다.

많은 수고와 번거로움, 그리고 부담에도 불구하고 대마도가 통신사 초빙교섭을 중요하게 여겼던 이유는 무엇일까? 조선과 일본이 간접통교를 하는 구조였기 때문에 대마도가 막부의 대조선외교를 대행할 수밖에 없었다는 통교구조의 문제는 앞에서 말하였다. 그밖에 다른 중요한 이유라면 통신사를 초빙함으로써 자신들의 외교 능력을 중앙 정부인 막부에 어필하는 한편, 막부로부터는 재정 원조를 받을 수 있었기 때

1711년 신묘통신사正德信使 때의 국서 행렬(상), 에도까지 통신사를 수행한 대마번주 소
오씨의 가신행렬(하)[23a]

통신사를 수행한 소동들[23b]

문이다. 제8회 신묘통신사(1711년)와 제9회 기해통신사(1719), 제11회 갑신통신사(1764년) 때에는 통신사 초빙과 관련하여 막부로부터 금 5만량을, 제10회 무진통신사(1748년) 때에는 금 3만량을 대여받았다. 그리고 마지막 통신사행인 제12회 신미통신사(1811년)때는 수당금 8만량에 대여금 3만량을 합하여 유상과 무상의 원조를 금으로 11만량이나 받았다. 그리고 빙례가 끝난 후에는 금 2,500량과 2만 석에 해당하는 영지도 포상금으로 받았다. 특히 1811년의 신미통신사행 때 이렇게 많은 재정 원조를 받을 수 있었던 것은 통신사에 대한 외교의례장소가 에도에서 대마도로 바뀌면서 막부의 위임을 받아 대마도가 통신사 빙례 자체를 치루었기 때문이다.* 이는 대마도 입장에서 본다면, 대마도가 여태까지처럼 통신사 일행이 며칠 머물다 가는 길목이 아니라, 300명이 넘는 인원이 몇 개월씩 장기체류해야 하는 외교의례장소가 되어 이제까지와는 비교도 되지 않을 만큼 많은 비용과 준비가 필요하였기 때문이다.

예를 들면 대마번주의 가신들은 모자라는 숙소 때문에 자신들의 주택을 통신사 일행에게 내어주어야 했다. 게다가 막부쪽에서도 외교의례를 치루기 위하여 에도에서 관리들이 내려왔다. 대마도 번주와 가신들이 모여 사는 후쮸府中라는 좁은 도시에는 통신사 일행과 막부에서

---

* 1811년의 신미통신사행을 예로 들면, 이때는 통신사가 에도가 아니라 대마도까지 밖에 가지 않았다. 그 이유로는 막부의 재정 부족, 조선통신사에 대한 인식 변화, 조선 멸시관 등 여러 가지가 있다.

내려온 관리, 통신사 일행과 교류를 위해 주변지역에서 모여든 학자나 화가, 그리고 통신사 일행에 대한 잔칫상을 차리고 의례준비를 위해 오사카에서 내려온 요리인과 기술자와 같은 전문 직업인, 그리고 임시로 고용한 노동자들이 모여들었기 때문에 후쮸는 인구 포화상태에 달했다. 한꺼번에 이렇게 많은 인원이 대마도에 체류하게 된 것은 아마도 임진왜란 때 조선에 건너가기 위한 병사들이 대마도에 모여든 이래 처음이라 생각되는데, 이들을 수용하기 위한 기반시설부터 마련해야 했다. 대규모외교사절을 맞이한다는 것이 결코 쉽지 않은 일이었다.

뿐만이 아니었다. 대마도는 외교의례와 관련하여 그 이전과는 비교도 되지 않을 만큼 많은 종류의 물품과 시설을 준비하지 않으면 안되었다. 통신사 일행과 에도에서 내려오는 막부측 상사의 여관 건설을 비롯하여, 의례장소로서 대마도주의 거성 개축, 목욕, 소방시설 및 선박과 탈 것 등을 격납할 수 있는 공간, 배를 대기 위한 항만의 정비에 많은 비용이 소요되었다. 그리고 조선국왕이 막부 장군에게 주는 국서나 예물을 놓아두기 위한 진열대의 마련 등 의전 식장의 준비를 비롯하여 의례가 끝난 후에는 향응 때 내놓을 잔치음식을 마련해야 했다. 또 통신사 일행이 묵는 여관에서는 사용할 그릇들도 타지인 이마리伊万里에서 새로 준비했다. 그리고 336명의 통신사행원이 거의 3~4개월을 대마도에 머무는 동안 쌀을 비롯해서 각종 식료품도 준비했다. 즉 외교의례 자체가 대마도에서 치루어지는 만큼 상상을 초월하는 많은 물품이 필요했으며, 아주 사소한 것도 외교사절의 품위나 막부의 권위를 손상시키지 않을 만한 것으로 준비했다.

대마도가 막부로부터 받은 유무상의 재정 원조금 11만량은 모두가 위와 같은 시설과 물품 조달에 필요한 비용이었다. 통신사 접대에 들어가는 이 비용을 19세기말의 대마도 살림살이와 비교한다면 대마번의 총수입인 금 36,000량 남짓을 훨씬 넘어가는 돈이었다. 1811년 통신사행의 대마도 유치는 대마도 일년 살림살이를 훨씬 넘어서는 대규모 국제 이벤트였다고 할 수 있다. 더구나 통신사행은 외교사절이었기 때문에 의전儀典 문제에 있어서도 통신사나 막부의 품위를 떨어뜨리지 않아야 했기 때문에, 대마도 입장에서 본다면 1811년의 통신사에 대한 접대란 역대 통신사 중에서 가장 부담스럽고 힘든 임무이지 않았을까라고 생각된다. 하지만 이것이야말로 그동안 대마도가 조일간 중앙외교무대에서 축적해온 그들의 외교력을 막부에 유감없이 보여줄 수 있는 기회이기도 했다.

그것 뿐 만이 아니었다. 대마도의 통신사 안내라는 역할은 막부로부터 통신사 접대를 할당받은 각 지방에 대해서도 영향력을 발휘할 수 있는 기회였다. 통신사가 대마도를 벗어나 이키를 거쳐 큐슈에 들어가게 되면 큐슈에서는 후쿠오카福岡번에서 통신사를 맞이하게 되어 있었다. 후쿠오카 번에서는 아이노시마藍島에 통신사 일행의 여관을 건설하여 접대에 응하였는데, 이때 통신사 일행이 묵을 숙소의 가건물이 제대로 지어졌는지 아닌지는 대마도 번사들이 아이노시마까지 출장 가서 사

朝鮮船入津之図

譯使東莱釜山湊五月二日

土佁同曹對州府中浦湊台

牛剋入船

朝鮮船手石積

人數八拾五人乘

外之皆北八人乘

대마번주 앞으로 파견되었던 도해역관渡海譯官[24]

전 검열을 했다. 통신사 일행에게 주는 음식이나 도시락, 선물의 준비도 마찬가지였다. 전례에 어긋남이 있는지 없는지, 대마도와 수시로 연락을 주고받으며 준비를 하였다. 이것은 통신사가 에도까지 왕복하는 동안 접대를 할당받은 모든 지역에서도 마찬가지였다. 왜냐하면 통신사 접대가 막부 장군에 대한 지방 다이묘들의 군역軍役의 하나로 치루어졌기 때문에 조금이라도 소홀히 했다가는 불충不忠으로 인식되어 어떤 불이익을 당할지 몰랐다. 그 결과 의전·의례 문제를 통해 변경의 작은 다이묘 대마번이 지방諸藩의 다이묘에게 영향력을 발휘할 수 있었다.

이 밖에 대마도는 조선 국왕의 조·경사, 대마도 번주가에 조·경사가 발생하거나 긴급한 현안이 발생했을 때에는 이를 알리기 위한 사절을 조선에 파견해 왔다. 조선은 이러한 현안들을 처리하기 위해 일본어 역관을 외교사절로서 대마도에 파견하였다. 대마도에 파견된 역관은 '문위역관問慰譯官' 또는 '도해역관渡海譯官'이라 불렸으며, 260년 동안 50번이 넘게 파견되었다. 통신사 파견 횟수를 훨씬 넘게 파견된 문위역관에 대해 대마도는 외교사절로서 접대를 소홀히 하지 않았으며, 중요 현안을 처리해냈다.

그런데 통신사 초빙은 장군직의 계승 등이 있을 때라야 이루어지는, 그러니까 몇 십년만에 한 번 있을까 말까 하는 아주 비일상적 외교행사였다. 그리고 조선 역관의 초빙도 통신사 초빙 횟수를 훨씬 능가하기는 하지만 비일상적인 범주였다고 할 수 있다. 대마도로서는 그보다 더 일상적인 외교업무도 많았다. 예를 들면 대마도는 항해 도중 일본 각지에 표착한 조선인을 260년 동안 1,000회가 넘게 송환해 왔다. 평균 1년에 세 번 정도를 송환해 온 셈이다. 송환해 올 때에는 사자('표차사漂差使', 조선에서는 '표차왜漂差倭')로 하여금 정중히 호송하게 하였으며 송환된 조선 사람만 10,000명을 넘었다. 송환 사자 역시 막부를 대신하는 외교사절이었으므로 조선으로부터는 각종 접대를 받았다. 한편 조선에 표착한 일본인도 대마도편에 송환되어 일본 각지로 귀향할 수 있었는데, 양국의 표류민을 송환하는 일은 대마도가 수행하는 일상적 외교업무의 하나였다. 이밖에 조선의 쌀·목면·인삼을 사가기 위해 수시로 사자를 파견함으로써 각종 현안들을 처리해 냈다.

조선과 일본이 대마도를 통해 간접적으로 통교하는 가운데 이렇게 외교권을 독점할 수 있었던 대마도는, 말하자면 조일 통교의 중앙무대에서 그 능력을 한껏 발휘하였다. 그리하여 왜란 이후 조선과 일본 사이에서는 작은 마찰은 수시로 발생했지만, 양국관계가 단절될 정도로까지 치달은 사건은 없었으며, 전체적으로 우호관계가 잘 유지되었다.

외교로 먹고산 대마도

대마도의 외교 대행은 경제적으로도 엄청난 대가가 있었다. 막부로부터 조선과의 무역에서 얻는 모든 이윤을 독점할 수 있도록 허락을 받았다.

우선 대마도가 조선에 연례송사나 특송선을 파견할 때는 예물의 교환과 더불어 무역거래가 있었으며, 조선으로부터 필요한 목면이나 쌀을 구입해갈 수 있었다. 또 왜관에 와있던 대마도 상인과 조선인 사이에도 상거래가 있었는데, 17세기 말에서 18세기 초가 조선과의 거래에서 가장 많은 이윤을 내던 시기로 대마도는 1684~1710년까지 27년 동안 은으로 총 46,500여貫에 이르는 이윤을 얻었다. 연평균 은 1,723貫에 해당하는 규모였다. 1790년 공무역에서 얻은 이윤은 은 769貫 남짓으로 이 숫자는 대마번 재정의 35.5퍼센트에 해당하는 비중이었다고 한다. 사무역에서 거둬들이는 이윤이 번 전체 재정에서 어느 정도를 차지했는지는 모르겠지만 이 숫자만 보더라도 대마번 살림살이에 무역이 차지하는 비중은 짐작할 수 있을 것이다.

조선과의 거래 물품 가운데 대마번이 일본산 은·동을 주고 조선에서 사들이는 인삼은 중국산보다 비싸기는 해도 약효가 뛰어난 약재로 17세기 말에는 오사카와 에도 등, 일본국내 조달을 통해 많은 이익을 보았다. 조선 인삼은 일본에 서양의학이 보급되기 전 까지는 강하고 급한 약성 때문에 치료 효과가 빨라 만병통치약으로 일반서민에 이르기까지 아주 수요가 높았다.

그리고 조선에 사자로 파견되는 사람들은 조선측으로부터 받는 체류비용·선물 등, 각종의 부수입을 쌀·현물로 챙겨갔다. 이 수입의 일부는 번의 창고로 들어가기도 했지만 일부는 자신의 호주머니로 들어갔다. 빚에 시달리던 사람도 조선에 한번만 갔다 오면 고민을 해결할 수 있었다. 일반적으로 일본의 무사武士들은 높은 신분에 비해 살림살이는

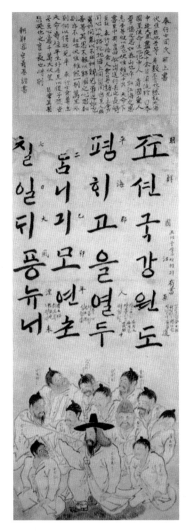

일본해쪽의 돗토리鳥取에 표착했다가 조선으로 돌아온 강원도 주민. 대마도는 이러한 표류민들을 조선으로 송환해 오는 일을 했다[25]

곤궁했다고 한다. 그래서인지 대마번의 藩士들도 자신이 조선에 건너갈 차례가 언제일 지를 미리 계산해서 빚을 먼저 땡겨 쓰기도 하였다. 조선에 사자로 파견된다는 것은 일종의 보너스를 받는 것이나 마찬가지였다. 대마도는 양국의 외교 창구역할을 하면서 대마번 자체의 살림살이를 해결할 수 있었고, 개인들도 결코 손해를 보지는 않았다. 1840년대까지 대마번 전체에서 소비되는 쌀의 47퍼센트가 조선 쌀로, 그중에서 대마도 자체에서 소비되는 조선쌀은 74퍼센트에 달했는데, 이 쌀들은 대마도가 조선과의 공무역에서 벌어들이는 것이었다. 대마도 전체가 외교에 매달려 살았다고 해도 과언이 아니다.

대마도는 일본의 변경이었다. 그러나 대마도가 각종 현안은 물론 양국 사람들이 접촉하는 과정에서 생긴 마찰에 이르기까지 모든 문제를 직접 실제로 다룰 수 있는 입장에 있다 보니, 어떻게 하는 것이 조선과 일본 사이에 평화를 유지할 수 있는 길이고, 또 그 안에서 어떻게 하는 것이 자신들의 기득권을 더 확대할 수 있는 길인지 그들만큼 잘 아는 집단도 없었다. 오랜 기간에 걸친 대마도의 외교권 독점은 조선과 일본 사이의 우호를 다지는 하나의 방법이기도 했지만, 한편으로는 '사실 은폐' '문서위조'라는 외교술을 구사하는 기회가 되기도 하였다.

국서 위조

대마도는 양국의 평화를 유지하면서 그 속에서 기득권을 더욱더 확

옛날 조선 인삼을 취급했다는 약국[26]

대하기 위해 왜란 이전부터 문서와 도장을 위조하기 시작하였다. 국서 위조는 17세기 중반 소오씨와 그의 가신 야나가와柳川씨가 내분을 겪는 과정에서 폭로되었지만 양국을 깜짝 놀라게 한 충격적인 사건이었다. 위조는 주로 야나가와씨에 의해 저질러졌다. 막부의 신임이 두터웠던 야나가와씨는 주인인 대마도주 요시나리義成에게 소오씨의 가신 역할을 그만두고 막부의 하타모토旗本*가 될 수 있도록 허락해 주기를 원했으나 거절당하자, 소오씨가 국교 재개 이후 3회에 걸쳐 조선 통신사 초빙교섭을 하면서 열한 통에 이르는 국서와 도장을 위조한 것을 폭로해버렸다. 양국간의 외교문제로 비화된 이 문제는 뜻밖에도 야나가와 요시노부가 1635년 막부의 처벌을 받음으로써 마무리 되었다. 덕분에 소오씨는 막부나 대마도내에서 안정할 수 있었다. 그러나 '조선통' 야나가와씨를 잃어버린 대마도에서는 모든 현안을 한문(眞文)으로 된 문서의 교환으로 처리해야 하는 조선과의 외교교섭이 문제였다. 대마도의 요청으로 막부는 이 사건 이후 쿄토의 승려를 대마도의 이테이앙以酊庵이라는 절에 교대로 파견하여 조선과 주고 받는 모든 외교문서의 작성과 감독을 맡겼다. 왜란 이전부터 소오씨 집안의 주무기로 연마해 온 문서위조는 더 이상 지속할 수 없게 되었다.

* 하타모토 에도시대 장군가에 직속되어 있는 무사로서 직접 장군을 만날 수 있는, 봉록이 10,000석 미만 500석 이상의 무사를 말한다.

한편, 국서사건으로 조선에서도 외교실무능력을 인정받던 야나가와씨가 몰락해 버리자, 조선도 대마도주를 일본과의 유일한 통교 루트로 정하는 수밖에 없었다. 이에 그를 위로하는 한편, 각종 현안도 처리하기 위해 사역원(司譯院)의 일본어 통역관을 대표로 하는 외교사행(問慰行, 渡海譯官)을 대마도에 파견하였다. 막부 장군 앞으로 파견하는 통신사는 260년 동안 전부 열두 번 밖에 가지 못했지만, 대마도까지 가는 통역관 일행은 모두 오십여 차례에 걸쳐 대마도를 왕래하였다. 이는 대마도가 비록 국서위조라는 큰 사건을 일으키기는 했지만, 왜란 이후 막부를 대신해서 조선과 각종 교섭을 하는 만큼, 조선도 대마도를 비중있게 여겼기 때문이다.

조선으로 가는 출구, 사스나우라

대마도에서는 조선과 외교·무역에 관한 일을 치르기 위해 사자나 상인들이 끊임없이 부산을 왕래했다. 대마도는 부산 출입을 하는 사람과 배를 관리하기 위해 17세기 초 대마도 북단 와니우라(鰐浦)에 소위 '세키쇼(關所)'라는 출입국 관리 사무소를 개설하였다. 그러나 이곳은 포구 근처에 암초가 많고 바람이 드세어, 1672년부터는 근처의 사스나(佐須奈)로 세키쇼를 옮겼다. 과거에는 이렇게 대마도 서북단이 조선을 오고 가는 최전방의 창구로, 소위 부산과 대마도를 잇는 항로가 개설된 것이다.

이곳에서는 소위 오늘날 김포 국제공항이나 항구 세관에서 하는 것과 똑같은 출입국 관리 사무가 행해졌다. 부산을 왕래하는 대마도 선박이나 사람들의 출국과 입국에 필요한 서류, 즉 여권과 비자에 해당하는 서계나 문인을 가지고 있는지를 조사했으며, 실무자들은 도항증명서 (문인)에 출입국을 확인하는 도장을 찍었다. 뿐만 아니라 선박을 비롯하여 대마도 사자나 상인들이 수출입이 금지된 물건을 소지하고 있지나 않은지 그들의 몸이나 짐 보따리 속을 조사했다.

조선으로부터의 수입이 금지된 대표적인 물품은 인삼이었다. 인삼은 밀반입에 성공만 하게 되면 큰 이익을 남길 수 있었으므로 죽음을 각오하고 항문 속에 인삼을 감추어 가는 대마도인도 있었다. 밀무역의 성행으로 밀반출의 단속이 심해지던 17세기 말 이후에는 대마도 사람은 물론 조선 사자라 하더라도 알몸으로 조사를 받았다.

조그만 섬 대마도에 이렇게 오늘날의 출입국관리소와 같은 '세키쇼'가 있었다는 것은 대마도가 조선과 일본 양국 외교나 무역의 중심에 있었기 때문이다.

조선 안의 일본인 마을, 부산 왜관

부산을 왕래하며 외교와 무역에 종사하는 사람들의 편의를 위해 공간이 필요하게 되었다. 왜란 이후 조선은 오로지 부산 한곳에만 왜관을 지어 무역·외교에 관한 일본과의 모든 현안을 처리하였다. 이와 관련된 각종 대마도인, 즉 사자를 비롯해서 상인, 승려, 기술자들도 왜관 안에서만 살도록 하였다. 이는 조선 전기 3포에서처럼 조선인과 일본인

사스나 포구. 예전에는 이곳에
서 조선과 대마도를 오가는 선
박에 대한 조사가 있었다.[27]

부산

와니우라

사스나

이 서로 섞여 살고 자유롭게 접촉함으로써 생기는 여러 가지 폐단을 없애기 위한 것이었다. 왜란 이전 3포에는 왜인들이 자기 가족을 데리고 와서 살 수 있었다. 정착도가 높아지다 보니 조선인과의 교제도 자유로워져 조선 정보가 흘러나가기도 하고, 남녀가 서로 사랑하는 일도 있다 보니 혼혈아도 생겨났다. 혼혈아의 증가로 이질감과 경계심이 없어지다 보면 조선의 비밀이 누설될 우려 뿐 아니라 왜구가 근절되지 않은 상황에서 조선인과 일본인의 잡거는 안보를 위협할 수도 있었다. 조선은 왜란 이후 이런 문제를 미연에 방지하기 위해 대마도 사람들이 가족, 특히 여자를 데리고 오는 것을 금지했으며, 거주 공간을 왜관 한 곳으로 한정하여 조선인과의 접촉을 아예 막으려 했던 것이다.

왜관은 왜란 직후에는 부산 절영도(1601년)에 임시로 설치되었다가 1607년에는 두모포豆毛浦(구관)로 옮겨졌다. 그러나 두모포 왜관이 좁아서 화재가 잦으며, 수심이 얕고 남풍을 정면으로 받아 배를 정박시키기가 어렵다는 이유로 대마도가 옮겨줄 것을 요청함에 따라 1678년에는 왜관이 초량草梁으로 이관되었다. 초량 왜관은 신관이라 불렸으며, 1872년 메이지 정부의 외무성에 접수될 때까지 200년 남짓 용두산 자락에 있었다. 약 10만평 규모의 초량 왜관 안에는 왜관을 총괄하던 칸슈館守의 관저를 비롯하여 용두산을 중심으로 동쪽과 서쪽에 건물들이 들어섰다. 동쪽에는 왜관에 상주하면서 조선과의 업무를 보던 사이항裁判·다이칸代官 등, 주로 무역과 관련된 대마도 관리들의 거주 및 업무공간

인삼 밀무역에 관한 조사 경위서[28]

위문서는 카네이치마루 선원 로쿠베에가 부산 왜관에서 인삼을 몰래 구해 대마도로 가져가려다 발각된 사건을 조사·작성한 조사경위서다.

一. 저는 이번 정월 카네이치마루의 수부로 조선에 건너갔는데, 이전부터 오랫동 안 아파서 경제적으로 어려움에 처해 있었습니다. 이에 카케하시 곤자부로 소 개로 치쿠젠 쇼헤이라는 사람에게서 2두들이 술 2통을 빌려 조선에 가지고 가 서 은 32문에 팔았습니다.

一. 조선에서 후나조이 시치베에가 나에게 말하기를, 인삼을 구하게 되면 건네주 도록 은밀히 말해왔기에, 그렇게 하게 되면 부탁하겠다고 말해 두었습니다.

一. 조선에서 인삼을 구하게 된 경위는(다음과 같습니다). 이번 6월초쯤(왜관의) 일 대관 하인인 요에몬으로부터 인삼 17문 남짓을 은 32문에 조달하였습니다. 이 를 카케하시 곤자부로에게 말하였더니 조사가 엄격하므로 ▢▢▢ 시치베에에 게 부탁하도록 하였습니다. 이전에 시치베에도 나에게 말한 적이 있었기에 곧 바로 시치베에에게 (인삼을)주어 가지고 가도록 하였습니다.

一. 시치베에가 아유미 나무에 농간을 부린 것은 전혀 몰랐습니다. 이번에 사스나 세키쇼에서 발각되었을 때 처음으로 알았습니다.

一. 카케하시 곤자부로가 은자를 가지고 간 경위는 뭐라해도 전혀 몰랐습니다.

( ) 안은 필자.

이 있었다. 서쪽에는 대마도에서 잠깐씩 파견되던 사자들의 거처가 있
었다. 왜관 건물의 건축 비용을 조선이 부담하고, 낡거나 훼손된 경우
에도 조선이 수리해 주었다. 그렇지만 건물 자체는 대마도가 일본에서
150명의 목수와 자재를 들여와 일본식으로 지었다. 왜관 내의 건물은
전반적으로 일본식 측량법에 따라 '시키다이式臺'라는 현관 입구와 방
위쪽에 방바닥을 조금 높여 족자나 장식물을 둘 수 있게 만든 장식공간
으로서 '토코노마床の間'를 갖춘 무사들의 가옥武家屋敷 풍으로 지어졌다.
특히 동관쪽의 건물이 그랬으며, 방바닥도 온돌이 아닌 다다미였다.

　왜관은 상관이면서 동시에 대마도 사람들이 오래 생활하는 거주 공

부산 초량 왜관[29]

간이기도 했으므로, 입는 것, 먹는 것도 기본적으로는 일본식이었다. 옷차림은 왜관을 출입하는 조선인을 의식하여 당시 일본내에서는 검 약령이 내려 목면 소재의 옷만 입을 수 있었는데 반해, 비단 옷을 입었 다. 식생활도 쌀을 주식으로 하는 것은 조선과 같았지만 이를 제외하고 는 일본식이었다. 조선은 두부·콘약·누룩·술과 같이 대마도 사람들의 입맛에 맞지 않거나, 다다미·염색집 등 조선에서 구하기 어려운 것은 청부상을 두어 왜관 내에서 개점하도록 했다. 그러나 매일매일 소비하 는 쌀·콩·생선·야채 등 조선에서 구할 수 있는 것은 왜관 밖에다 아침 시장朝市을 열어 조달하도록 했다. 아침 시장에서는 이런 물건들이 즉석에서 거래되었다.

이렇게 의·식·주가 기본적으로 일본식이었던 왜관은 조선 안에 있는 일본식 마을을 상상하면 될 것 같다. 그런데 이런 왜관 건물들은 항구가 있는 동쪽 일부 구간을 제외하고는 약 2미터 높이의 긴 돌담으로 둘러싸여 있어 조선인들과의 접촉이 쉽지는 않았다.

그렇지만 왜관의 대마도인들과 조선인들은 제한 속에서도 어떤 형태로든 접촉이 있었다. 왜관에서 근무하다 사망한 조상들의 묘소를 찾아 봄·가을 명절 때 성묘하러 나가거나, 대마도 사자가 초량 객사에 나아가 조선국왕에게 숙배를 할 때, 또 연향대청에서 잔치가 있을 때, 그리고 왜관밖에 있는 동래부 역관 집(坂之下, 지금의 영주동)을 방문하는 경우에는 왜관 문밖 출입이 허용되었다. 왕래 도중에는 중간에 있는 조선 민가에 들러 조선인과 담소를 나누기도 했다. 그렇지만 왜관의 대마도인들이 꼭 이렇게 문밖을 나서야만 조선인을 만날 수 있는 것은 아니었다. 왜관 안에서는 매달 3자와 8자가 들어가는 날 여섯 번에 걸쳐 시장(개시開市)이 열렸다. 이날은 조선 상인들도 왜관에 들어갔으므로 조선인과 일본인으로 북적댔다. 뿐만 아니라 왜관에는 대마도인과의 의사소통을 위해 조선의 훈도訓導·별차別差라는 일본어 통역들이 수시로 드나들었다. 이들간에는 현안 이외에도 수시로 차·과자·술을 들면서 일상적인 의·식·주에 관한 것들이 서로간에 소개되었다. 대마도 사람들은 조선인에게 '스기야키杉燒'를 대접하기도 하고 조선 사람들은 왜

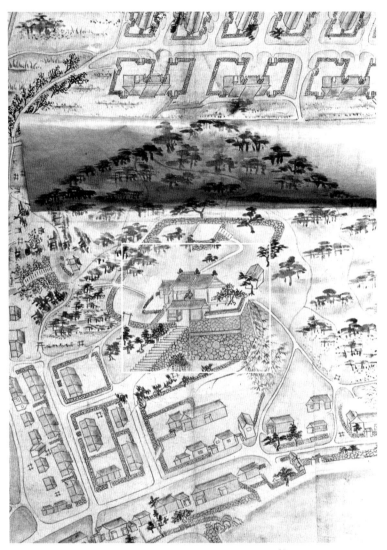

부산 초량 왜관. 한가운데에 왜관의 책임자인 칸슈의 집이 있다.[30]

관의 대마도인들에게 개고기(사철탕) 먹는 것을 소개하기도 했다. 왜관에서는 이렇게 대마도 사람과 조선인이 서로 접촉하는 과정에서 충분히 상상할 수 있는 여러 가지 교류가 있었다.

왜관을 둘러싸고 접촉의 기회가 많아지면서 조선인과 대마도 사람들 사이에는 밀무역이 성행하여 일본인에게 빚을 지는 조선인도 생기게 되었다. 이에 조선은 1683년 계해약조▶에서 왜관 밖에 제한구역을 정하여 조선인의 민가를 철수시키는 한편, 대마도인과 조선인의 접촉을 원천적으로 금지하려 하였으나, 이러한 제한은 잘 지켜지지 않고 끊임없이 마찰이 있었다.

특히 왜관이 남성들만의 전유 공간이라는 것 때문에 여성과 관련된 충돌도 종종 있었다. 왜관에는 대마도 남성들이 통상 400~500명 정도 살고 있었다. 사자들 가운데는 실무를 익혀준다는 이유로 견습삼아 그들의 아들을 데리고 오는 경우가 종종 있었으므로 많을 때는 700~800명까지도 살았다. 이런 숫자는 대마도 성인 남성으로 치면 5퍼센트, 대마도 사람 이십 명 중에 한 명에 해당되었다. 왜관 밖에서 열리는 아침 시장은 대마도 남성들이 조선 여성과 직접 만날 수 있는 아주 좋은 기회였다. 아침 시장에 나오는 상인은 아무래도 동래부의 여성들이 많았을 것으로 추측되며,* 매일 열리는 만큼 낯익은 얼굴도 생겼던 것 같다. 아침시장에서는 단순한 상거래를 넘어 성적인 접촉을 위한 거래도 있었으며, 조선 여성들을 왜관으로 끌어들여 사랑을 나누기도 했다. 19세

▶계해약조

1683년 왜관에 주재하는 일본인의 활동에 관해 조선 정부와 대마번이 규정한 약조로 그 내용은 다음과 같다.

제1조 – 왜관 밖에 제한 구역 설정
제2조 – 제한 구역을 넘어가는 자는 처벌
제3조 – 밀무역 자금의 대여 행위 금지
제4조 – 왜관 안에서 시장이 열리는 날, 각 방의 무단출입 금지
제5조 – 왜관의 수문守門 밖으로는 아침시장朝市 이외에는 출입 금지
제6조 – 대마도 사자의 조선국왕에 대한 진상·숙배에 관한 규정
제7조 – 대마도 사자에 대한 조선측의 지급물 등에 관한 규정

이 그것이다. 또한 이를 어기는 자는 모두 왜관 밖에서 처형하며, 대마도 사람이 왜관 밖으로 나갈 경우 관수에게 그 내용을 신고할 것 등이 정해졌는데, 이 조문은 왜관의 안팎에 고시되었다. 왜관 밖의 돌에 새겨진 '계해약조제찰비'는 지금 부산시립박물관에 있다.

기 초 대마도의 기록을 보면, 소위 '교간交姦'이라 불리우는 조선 여성과 대마도 남성과의 매매춘 형태의 접촉은 조선에 흉년이나 기근이 들었을 때 증가하는 경향이 있었다.**

일본의 개항도시 나가사키는 무역차 일본에 나와 있는 외국인들을 위해 별도로 거류 구역을 마련하였다. 네덜란드 상인을 위해서는 데지마出島라는 섬에, 중국 상인을 위해서는 쥬젠지무라十善寺村에 상관 및 거류지를 만들었다. 이곳에는 공창이라 할 수 있는 마루야마丸山의 유녀가 왕래하였다. 그러나 부산 왜관에서는 유녀 왕래를 일절 금지하였다. 남녀 유별 등 유교윤리를 생활 규범으로 삼았던 조선은 혼혈아의 출생 등이 사회기강을 흐리게 하는 것은 물론, 정보의 관리 등 안보문제와 관련된다고 생각하였다. 때문에 왜관의 대마도 남성과 조선 여성 간의 매매춘이 적발될 경우에는 양쪽의 당사자들이 모두 처벌을 받게 되어 있었다. 교간을 알선한 조선 남자는 사형을 면치 못했으며 여자

---

* 18세기말(1789년) 동래부 및 그 주변지역인 남천 등지의 인구분포 중 남여의 비를 보면, 동래부나 해안가의 주민들은 남성보다는 여성들의 수가 평균적으로 많았다. 특히 동래부 인구 분포에서는 여성의 비중이 다른 지역보다 높았는데, 그 이유를 알 수 없으나 왜관과의 관련성을 시사한 연구도 있다(James Lewis, 「Tongnae's demographic position in Kyongsang Province and the demography of the county's townships : in search of the Waegwan」(Critical Issues in Korean Studies in the Millenium : Conference Theme, Center for Korean Studies(University of Hawaii), 2000.2).

** 교간 뿐만 아니라, 부산포나 그 근처 포구로 들어오는 대마도 선박으로부터 쌀 등, 필요한 물품을 구하는 등 모종의 상거래가 이루어졌던 것도 조선에 기근이 들었을 때였다(『分類紀事大綱』, 국사편찬위원회).

에도시대의 히젠 나가사키(1851), 가운데
부채꼴 모양의 작은 섬이 네델란드 상관인
데지마이다(위). 오른쪽은 데지마 모형[31]

는 귀양보내도록 되어 있었다. 그러나 교간에 대한 두 사회의 통념 차이로 말미암아 대마도가 왜관 거류 대마도 남성의 신병을 조선으로 넘겨주지 않았기 때문에 처벌이 쉽지는 않았다. 양국 사이에 마찰로 비화된 교간 사건은 십여 건을 웃돌지만, 발각되지 않은 사랑도 숱하게 많았을 것으로 짐작된다. 이 밖에도 당시 조선인들 사이에는 왜관에 먹을 것과 재화가 풍부하다는 소문이 많았기 때문에 동래를 비롯하여 왜관 주변의 조선인이 왜관에 몰래 들어가 쌀이나 은자銀子, 무기, 심지어 냄비까지 돈이 될만한 것을 훔치는 절도사건이 빈번하게 발생하였다. 이 절도 역시 경상도에 흉년이 들어 생활고가 심해지면 증가하는 경향이 있었으며, 이들의 신병처리 또한 교섭 현안 중의 하나였다. 왜관과 왜관 주변 동래부 주민과의 접촉에 대한 욕구는 어쩌면 자연스러운 것이라 하겠다.

'조선통' 아메노모리 호슈

대마도를 통틀어 조선 사정에 가장 밝았던 사람을 들라고 하면 주저 없이 대마번의 유학자 아메노모리 호슈雨森芳洲를 들 것이다. 호슈는 1990년 5월 노태우 대통령이 일본을 방문했을 때 궁중 만찬 연설에서 "조선을 가장 잘 이해하고 조선과 일본간의 우호관계에 공헌했음"을 강조함으로써 더욱 주목을 받게 된 인물이기도 하다. 당시 일본에서도 호슈가 누구인지 잘 모르는 사람들이 많았기 때문에 이 호슈를 세상에 알린 노태우씨에게 오히려 감사할 정도였다. 호슈를 역사가들이 주목

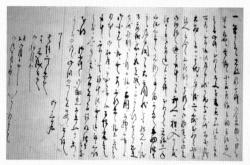

왜관 안에서 일어난 절도에 관한 문서[32]

편지로 알립니다. 지난번 그곳(왜관)에서 첨관의 칼을 훔쳐 소토무키(조선)에 판 코미야 키사쿠·요시다 토모지 두 명을 이곳에서 다시 엄히 문책한 바, 마침내 자신들의 소행이 틀림없다고 자백했습니다. 그런데 위와 같이 양국에 관련되는 대죄인은 그곳으로 보내 후타츠고쿠(쌍골: 부산 영선산으로 추정)에서 쌍방의 역인이 입회한 후 사형에 처하도록 약정이 있습니다. 이번에 구약정대로 시행함에 있어서 죄인을 우리에 가두어 관수에게 보냅니다. 그곳에도 겐로쿠 11년 및 쇼토쿠 3년의 문서가 있을 것입니다. 자세한 것은 관수에게 지시할 터이니 지시장을 읽어볼 것과, 여럿이 의논하도록 지시하므로 유념하기 바랍니다. 위와 같은 사형집행 건은 양국에 관련되는 사안으로 대마도만의 일로 그치는 것이 아닙니다. 만약 소홀한 점 등이 있어서는 일본의 치욕이므로 모든 면에 엄중하게 임해야 할 것은 말할 것도 없으며 앞으로도 명심해야 할 것이므로 더 이상 자세히 적지 않겠습니다. 모든 것을 관수의 지시에 따라 대마번의 위광을 세우는 것이 중요함을 명심해야 할 것입니다. 이상과 같이 삼가 알립니다.

    팔월   세명
    타카베 지로베에 님
    아오키 세이타 님
    오요코메 님
    오오쿠·오모테 메츠케 님
    오카치메츠케 님   ) 양해해주기 바랍니다.

公爾忘私
國爾忘家

아메노모리 호슈[33]

한 것이 아니라 정치적인 이유에서 먼저 주목했다는 것이 아쉽기는 하지만, 호슈는 조선과 대마도와의 관계에서는 꼭 기억할만한 인물이다.

토쿠가와 막부를 대신해서 조선과의 모든 교섭을 담당하게 된 대마번은 모든 사안을 한문으로 된 외교문서(서계)를 주고 받아 처리하는 만큼, 자연히 한문과 유교 경전에 밝은 학자를 필요로 하였다. 대마번이 아메노모리 호슈와 같은 타향의 유학자를 채용하게 된 것은 그 때문이었다.

호슈는 원래 시가켄 타카츠키쵸 滋賀縣 高月町에서 의사의 아들로 태어났으나 에도로 가서 당대의 유명한 유학자 키노시타 쥰앙木下順菴의 제자가 되었다. 이것이 인연이 되어 20대에 대마번에 취직한 호슈는 평생을 대마도에 살면서, 조선과 관계되는 일에 종사하였다. 그는 유학자였기 때문에 통교나 무역정책을 직접 구사할 입장은 되지 못했다. 그는 젊었을 때 조선어를 배우기 위해 부산 왜관에 3년이나 유학한 적이 있고, 선배를 따라 사행의 일원(1702·

1711년 통신사 일행을 수행하는 아메노모리 호슈[34]

1713·1720년)으로, 또는 그 자신이 외교 현안을 다루는 사자裁判(사이항, 1729년)가 되어 부산에 파견된 적도 있다. 조선과 일본 사이에 때로는 긴박하게 돌아가는 상황을 직접 눈으로 확인할 수 있었던 호슈는 교섭 분위기나 조선 사정이 대마도에서 들던 것과는 너무나 달라 충격을 받았다. 조선과의 현안을 잘 처리해 내기 위한 방법으로 조선의 문화나 관습을 이해하려고 애썼던 것은 이때의 문화충격 때문이었다. 호슈는 또 1711년 조선이 제6대 장군 토쿠가와 이에노부德川家宣의 장군 취임을 축하하기 위해 통신사를 일본에 파견했을 때 에도까지 통신사 일행을 수행하면서 조선인과 교류하였다. 이렇게 조선과의 통교 · 무역에 관한 실무 경험을 쌓은 호슈는 대마번주의 신임을 얻어 만년에는 번주의 행정문서 출납을 맡아보는 고요닌御用人에까지 올랐으나, 번정에 직접 관여할 수 있는 입장은 아니었다. 그가 이러한 역을 두루 거치면서 내린 결론은 조선과는 '성신誠信'을 바탕으로 교제해야 한다는 것이었다. 성신이란 조선과 교류하려면 일본측의 주장을 내세워 밀어부치기에 앞서 조선의 사정이나 입장·분위기를 먼저 이해해야 한다는 것이었다. 호슈가 조선과의 교제에 관한 지침을 밝힌 의견서『코오린테이세이交隣提醒』에는 성신의 뜻이 잘 설명되어 있으며, 특별히 이러한 소양을 갖추어야 할 사람으로 지금과 달리 교섭시에 어느 정도 외교적 판단이 허용되었던 통역通詞에 많은 관심을 보였다. 호슈는 만년에 조선어 통역 양성을 위한 학교를 개설하는 한편, 『코오린슈치交隣須知』 등의 조선어 회

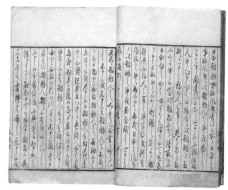

조선과의 교제지침을 밝힌 『코오린테이세이』[35]

화 교과서도 만들었다. 이 때문에 호슈는 당시 누구보다도 조선의 입장을 잘 이해하고 배려했던 국제외교사상가였다는 칭찬도 듣고 있다. 그러나 호슈는 유학자의 신분으로 어디까지나 대마도의 이익을 가장 중요하게 생각한 번사藩士였으며, 조선 사정에 대한 이해는 그것이 대마도의 이익을 극대화하기 위한 최선의 길이었기 때문이다. 대마도라는 지역 또는 국왕에 충성하는 방법이 교린에 있어서는 바로 성신이었는지도 모르겠다.

성신이란 조선에서도 이미 임진왜란 이후 일본과의 교제에 있어서 당연하게 추구하던 외교 이념의 하나로, 18세기 중엽 호슈와의 교제로 유명한 역관 현덕윤玄德潤도 훈도의 근무관사로서 옥호를 '성신당' 이라 붙일 정도였다.

대마도가 추구하던 외교와 평화의 모색

조선과의 의사소통 하나, 둘, 셋

임진왜란 이후 일본측 사자의 상경을 일체 금지하는 조선의 특수한 사정은 대마도가 조선과 의사소통하는 방법에도 영향을 미쳤다. 즉 일본인들이 들어와 활동할 수 있는 공간을 부산포 한 곳으로 정하여 동래부가 관리했기 때문에, 대마도 사자들이 현안을 적은 외교문서를 가지고 부산에 들어오더라도, 이들이 외교 전담기관인 중앙(예조)의 관리를 만나기 위해 상경한다는 것은 엄두도 낼 수 없었다. 현안을 적은 모든 외교문서는 동래부사가 접수하여 경상감사를 거쳐 조정에 전달하도록 되어 있었다. 동래부사가 보고양식인 계문啓文을 첨부해서 중앙으로 올려보내는 이 절차가 '계문啓聞'이라는 공식적인 의사소통방법이었다. 이렇게 해서 서울로 올라간 현안은 중앙(비변사* 및 조정)의 논의를 거친 후 예조에서 답서를 작성하여 대마도 사자에게 건네주는 것으로 완료되었다. 따라서 예조 답서가 서울에서 동래부로 내려올 때까지 대마도 사자들은 왜관에서 시간을 보내며 기다리는 수밖에 없었다. 한마디

---

* 비변사 조선시대 군국에 관한 사무를 맡아보던 관청. 중종(1517년) 때 삼포왜란의 대책으로 설치되었다가 명종(1555) 때 상설기관이 되었으며, 임진·정유왜란 이후에는 의정부를 대신하여 정치의 중추기관이 되었다.

로 이 당시 외교란 지금 생각하는 것처럼 양측의 교섭 당사자들이 한자리에서 직접 대면하여 현안을 논의하는 광경은 아니었다. 몇 단계의 문서 왕복이 의사를 소통하는 방법이었다.

그러나 모든 사안이 이런 공적 절차로만 처리되지는 않았다. 공적 절차를 통한 의사소통은 우선 전달과정 자체가 시간이 많이 걸릴 뿐 아니라, 동래부사의 임기가 차서 교체라도 되게 되면, 신임 부사와 다시 처음부터 새로 시작하지 않으면 안되었다. 이러한 절차만으로는 왜관이나 변경지역에서 매일매일 일어나는 사건이나 마찰을 효율적으로 처리할 수 없었다. 그래서 대마도는 때때로 현안타결을 위해 조선측 관리를 구타하는 등 완력을 사용하기도 했다. 임진왜란 직후 얼마간 조선에는 일본의 무력, 내지는 재침의 가능성에 대해 일종의 공포감이 존재하였다. 이를 잘 알고 있었던 대마도는 17세기 중반까지 조선의 공포감을 이용하여 곧잘 현안 타결을 시도하려 했다. 공식 절차만으로 의사소통이 잘 안된다고 판단될 경우에는 왜관 거류 대마도인들이 집단으로 왜관을 나서 동래부사영이나 부산첨사영 앞에 가서 대규모 시위를 벌임으로써 조선을 위협하고 힘으로 밀어부쳤다. '난출闌出'이라 불리우는 이 대규모 시위를 대마도 사람들은 문제를 신속히 해결하는 가장 좋은 방법으로 인식하여 실제로 17세기 중반까지는 난출 사례가 빈번하였다. 반면 조선은 이 힘으로 밀어붙이는 집단 시위를 가장 싫어하여 난출을 막지 못한 동래부사는 문책감이었다.

18세기 중엽 이후 '난출'은 점차 줄어드는 경향이었지만, 그렇다고 해서 대마도가 공적인 교섭 절차에만 의지하고 있지는 않았다. 대마도는 때로 사적인 교섭 경로도 동원하였다. 이때 절대적으로 필요했던 것이 조선 중앙정부(조정)의 움직임에 대한 신속하고 정확한 정보 수집이었다. 이런 것들이 조선측의 협조없이 이루어질 수 없었던 것은 물론이다.

사적 경로란, 조선측의 역관과 중앙 고관들이 서로 연결되어 있던 인맥을 말한다. 오랜 관례대로 역관은 단순한 통역이 아니라 어느 정도 외교적 판단이 허용되었다. 따라서 대마도의 입장에서 보면 조선측 역관의 교섭능력, 대마도 역인들과의 친분 여부, 또 그들이 대마도에 대해서 가지고 있는 호의 여하에 따라 교섭결과가 달라질 수도 있었다. 동래부에 일정기간 파견되었던 역관들은 중앙의 사역원 소속으로 승정원과 비변사의 서리층, 중앙고관의 측근과 접촉할 수 있는 기회가 많아 중앙의 정보에 밝았다. 18세기 조선은 소위 '당쟁'이라 불리는 정치적 권력다툼이 심했다. 대마도 기록을 보면 중앙의 고관이 누구인가에 따라 현안에 대한 응답이 달라질 수도 있었으므로, 고관이 '동인'과 '서인'의 어느 계보에 속한 사람인가에 아주 민감하였다. 따라서 중앙의 동향 파악이나 정보 확보를 위해서는 어떤 역관을 만나는가가 중요한 문제였다. 조선측 역관의 협력을 절대적으로 필요로 했던 대마도로서는 중요한 요소였다. 따라서 대마도는 중앙의 인맥과 닿아 있는 역관 내지는 교섭능력이 탁월한 역관을 선호하는 경향이 있었다. 실제로 18

세기 중엽 부산포 근처의 포구에 표착한 대마도 선박에 대해 조선측으로부터 잡물을 받아내기 위한 교섭에서는 이러한 사적인 인맥을 동원하여 문제를 해결한 사례가 확인된다. 대마도에 협조적인 역관에 대해서는 포상이 있었다. 대마도에 협조적인 역관을 확보하는 일은 대마도의 이익과도 연결되어 있었으므로, 앞으로 있을 기대효과를 위해서도 대마도는 조선 역관을 경제적으로 지원하는 일을 중요하게 여겼다. 1720년대 이후 조선 역관들의 밀무역 사건 연루 및 대조선무역의 침체 등으로 역관들의 위상이 실추되고 경제적 궁핍이 심각해지자, 대마도가 조선 역관층의 경제적 안정을 위해 대마번의 지원이 대가성이든 보험성이든 지속적으로 역관층 전체에 폭넓게 이루어져야 할 것으로 인식한 것도 바로 이 때문이었다. 조선측 역관에 대한 대마도의 경제적 도움은 동銅·동제품·공목公木·공무역 물품 등을 상으로 내려 주거나 쌀 등을 빌려주는 것이었다.*

대마도의 입장에서 볼 때는 사적 교섭 경로의 확보야말로, 현안을 효율적으로 해결할 수 있는 방법으로 조선과의 긴장을 최소화하면서 대마도의 이익을 최대한 확대할 수 있다는 효과가 있었다.**

---

* 조선측 역관에 대한 경제적 도움을 항구적인 것으로 하기 위해 역관들에게 농토(義田)를 주었다는 기록도 있으나, 구체적으로 어느 지역에 얼마를 주었는지는 확인되지 않는다.

'밀어부치기'에서 '논리'로

대마도의 유학자 아메노모리 호슈의 지적이기는 하지만, 17세기말 조선에서는 왜란 이후 일본의 무력에 대한 공포감이 거의 사라져 버려, 대마도의 협박적인 태도도 효력을 잃어갔다. 말하자면 이 시기는 전쟁의 공포감이 사라지면서 일본과의 관계에서도 조선이 주도권을 발휘하기 시작한 시기라 할 수 있는데, 대마도의 조선에 대한 인식은 여전히 변하지 않고 있어서 양자의 인식에는 큰 괴리가 있었던 때이기도 하다. 아메노모리 호슈는 조선인에게 억지를 쓰는 지금까지의 외교술, 즉 '힘의 외교'로는 앞으로의 조일 관계에서 발생하는 현안을 해결하기 어려울 것이라 판단하여 다른 방법을 강구하여 조선인에게 대처할 것을 대마도 번주에게 건의하였다. 그것은 다름 아닌 '기록'이었다.

일찌기 1702(숙종 28, 元祿 15)년 부산에 외교사절(參判使의 都船主)로 파견되어 조선에서 대일본 인식이 변화해 가는 것을 직접 목격한 아메노모리 호슈는 번주에게 제출한 의견서, 『코오린테이세이』에서 기록의 중요성을 누누이 강조하였다. 대마도 번청은 마침내 그의 충고를 받

** 조선 역관이 경제적으로 대마도에 의존할 수밖에 없었던 것은 조선의 관리들이 중앙 고관을 비롯하여 지방 말단에 이르기까지 거의 무급에 가까운 보수로 일했던 만큼 구조적인 문제였다고 생각된다. 또 조선측 역관이나 대마도의 관계는 양자 모두 조선관리로서의 명분은 충분히 존중되고 있는 가운데의 유착이었던 만큼, 조선 관료제 운용과 조일 교섭의 특질에 대해서도 검토할 가치가 있다고 생각된다.

아들여 조선에 파견되는 모든 사자는 귀국 후 조선에서 보고들은 것, 조선에서 받은 접대에 대해서 하나도 빠짐없이 기록해서 번청에 제출하도록 하였다. 일종의 출장복명서라고도 할 수 있는 이 기록은 후에 조선과의 교섭시에 근거 자료가 되기도 했는데, 조선의 변화된 상황에 대마도가 대응한 결과라고 생각된다.

17세기 중엽 이후 조선에서 일본의 무력에 대한 공포감이 사라지면서, 그동안 대마도가 조선과의 교섭에서 가장 효과적이라고 믿어왔던 밀어부치기식의 '힘의 외교'가 더 이상 듣지 않게 되자, 대마도는 기록에 남아 있는 '전례前例'·'논리論理'의 주장이 훨씬 효과적이라 인식하게 되었다. 그 결과 대조선교섭 방법으로서 기록을 바탕으로 한 전례주의前例主義를 중시하지 않을 수 없게 되었다고 본다.

정보의 여과

대마도는 각종 외교현안은 물론 조일간에 접촉하는 과정에서 생긴 마찰에 이르기까지 모든 문제를 실제로 직접 다룰 수 있는 입장에 있다보니, 어떻게 하는 것이 조선과 일본 사이에 평화를 유지할 수 있는 길이고, 또 그 안에서 자신들의 기득권을 더 확대할 수 있는 길인지 그들만큼 잘 아는 집단도 없었다.

따라서, 마찰이나 긴장요인이 발생하면 조선측 역관이나 동래부사를 설득하거나 선물을 하여 문제를 축소하거나 왜곡시킴으로써 양국간의 외교문제로 비화하는 것을 방지하였다. 외교문제로 비화할 경우 대마도는 막부로부터 대조선외교 대행이라는 기득권을 빼앗길 수도 있었다. 따라서 대마도는 대마도 자체에 유리한 정보만을 제공했기 때문에, 동래부사나 조선 조정, 그리고 일본의 막부는 변경에서 마찰이나 긴장이 있었던 것조차 모르는 경우가 많았다. 한 예로 조선의 동해안이나 남해안에 거주하던 경상도·전라도·강원도의 연안주민들은 근해 또는 먼바다까지 나아가 고기잡이에 종사하거나 배를 타고 연안 포구를 오가며 필요한 상품을 수송하는 과정에서 태풍이나 돌풍 때문에 본의 아니게 일본에 표착하기도 하였다. 일본에 표착한 조선인들은 대부분 일본측에서 정한 송환 방침에 따라 대마도 사자가 송환해 왔다. 그러나 낯선 땅에 표착한 조선인들은 기본적으로 의사소통이 되지 않아 불안해하였고, 귀국할 때까지 자신들의 생사가 어떻게 될지 몰라 극도로 불안해하였다. 이국 땅에서 겪는 극심한 불안과 스트레스는 때로 현지인들과의 마찰로 불거지기도 했다. 또 표착 조선인들 가운데 일부는 일본측의 접대가 규정보다 소홀하다는 이유를 들어 일본측에 항의도 하였다. 현지인들과의 마찰 및 일본측의 박대가 조선에 알려져 자칫 외교문제화할 경우, 대마도에 불리하게 작용할 수도 있었다.

18세기 중엽 조선인들이 일본에 표착하여 현지인들과의 접촉과정에서 일으킨 마찰은 약 20건 정도가 발견된다. 하지만 대마도가 이와 관련된 정보를 자신들에게 유리하게 왜곡하거나 축소해서 조선측과 막부에 전달 또는 은폐했기 때문에 동래부사나 조선 조정에서는 그러한 일이 일본 땅에서 일어났다는 것조차 몰랐다. 혹시 알게 된다 하더라도 한 번 걸러진 정보 때문에 왜곡된 사실을 알고 있을 뿐이어서, 오히려 표류 조선인이 귀국한 후에 처벌을 받기도 하였다.

한편, 현안이 쉽게 타결되지 않을 경우에는 조선측의 실수를 문제삼아 의도적으로 막부가 쳐들어올 의사가 있다는 것을 흘리거나, 긴장을 조성함으로써 대마도가 교섭을 주도적으로 이끌어감으로써 문제해결을 시도하기도 했다.

이렇게 대마도가 자신에게 유리하게 수정된 정보를 가지고 긴장을 조성하기도 하고, 또 외교 실무선에서 원만히 해결하고 무마시키는 방법은 대마도가 260년이라는 긴 시간 동안 조일간의 중앙에서 외교를 독점하면서 터득한 외교기술이었다. 이는 어떤 문제가 양국간의 외교문제로 비화하기 전에 충격을 완화하는 효과적 장치이기도 했는데, 직접적 충돌없이 평화를 유지하는 것이 현실적으로 대마도의 기득권 확대 또는 실리와도 직결되어 있었다는 것을 누구보다도 잘 아는 만큼, 대마도가 추구하던 하나의 외교술이었다고 생각된다. 뿐만 아니라 대마도의 이러한 외교술은 전근대 '선린우호善隣友好' 유지라는 측면에서 본다면 일정부분 기여한 측면도 있었다.

근대일본과 '변경' 대마도

메이지유신과 외교권을 상실한 대마도

19세기 들어 대마도는 조선과의 무역에서 전과 같이 큰 흑자를 보지 못했다. 게다가 막부 말기에는 서양 열강의 아시아 진출로 대마도가 전략상 중요한 위치로 주목받게 되었다. 1861년 러시아의 군함 포사드닉호가 대마도의 이모사키芋崎(美津島町)를 점거하여 대마도를 개항해 주도록 요구했을 때, 대마도는 마침 막부의 대조선외교를 대행하는 대마도의 역할에 매력을 느끼지 못하고 있던 차, 조선과의 관계에서 손을 뗄 생각까지 하였다. 대마도는 대마도를 개항하는 조건으로 막부로부터 새로운 영지를 받아낸 후 대조선 외교문제를 아예 막부에 넘기려는 교섭을 시도하였다. 그러나 1868년 '메이지유신明治維新*'으로 실패로 끝나고 말았다.

메이지유신이라는 정치개혁은 곧 막부의 붕괴를 의미한다. 막부의 '쇼군'이 정치·경제·외교에 관한 모든 권한을 쿄토의 텐노에게 반환해 버림으로서 지금까지의 조선과 일본 관계는 물론, 대마도의 위상에도 큰 변화를 가져왔다. 메이지 정부는 막부가 무너진 이상 구막부시대 대

---

* 메이지유신 19세기 후반 일본이 막번체제에서 근대 천황제 창출 및 일본 자본주의 사회로 변화해가는데 전환점이 되었던 정치·경제·군사·사회·문화적 변혁의 총칭.

마도를 통해서 조선과 교섭하던 간접 통교를 벗어버리고, 조선 정부와 일본 외무성이 직접 통교하는 체제로 전환해가려 하였다. 그러나 메이지 정부는 정권 수립 직후 얼마동안은 종전대로 대마도에 대조선외교를 위임하였다. 왜냐하면 조선과의 관계를 영국이나 프랑스 등 다른 외국과의 관계처럼 직접 통교하는 체제로 바꿔 간다고 해도 새 정부에 외교적인 노하우가 축적되지 않은 상태였기 때문이다. 게다가 대마도가 메이지 정부에 조선은 아주 고집이 세고 상대하기 어려운 나라여서 대마도가 아니면 잘 다룰 수가 없다는 식의 인상을 계속해서 심어왔기 때문이다. 그러나 한편으로는 재정확보가 어려운 상황에서 대마도의 외교권 포기에 대한 대가로 구막부시대에 축적해 온 각종 기득권을 보상해 준다는 것도 쉬운 일이 아니라는 속사정이 있었기 때문이었다.

어쨌든 이 시기의 대마도는 메이지 정부로부터 기득권을 최대한 보상받기 위해 필사의 노력을 했으며, 조선에 대해서는 메이지 정부의 침략성을 강조함으로써 양국 관계의 개편에서 자신들의 절충적인 역할을 잃지 않으려 애를 썼다. 그러나 이것이 양국관계 개편에 오히려 장애가 되었다. 메이지 정부가 대마도를 통해 일본내에서의 정권 교체와 통교체제의 개편을 알리는 서계를 전달할 때부터 교섭은 교착상태를 면하지 못했으며, 조일 관계는 이미 악화 조짐을 보이고 있었다.

1871년 교섭이 교착을 거듭하는 가운데 메이지 정부가 단행한 '폐번치현廢藩置縣'이라는 정치개혁은 그나마 조일 통교무대의 언저리에

맴돌고 있던 대마도를 밀쳐내 버렸다. 폐번치현은 문자 그대로 막부 시대의 '번'을 없애는 대신 지방행정단위로 '현'을 두는 것이었다. 대마도에도 대마번 대신 이즈하라현이 개설되고 대마번주 대신 현지사縣知事가 파견되었다. 이즈하라현은 다시 이마리伊万里·사가현에 합병되었다가 1872년 나가사키현에 편성되게 됨으로써 나가사키현 밑에 있는 하나의 지방행정단위가 되었다. 그리고 메이지 정부가 외교를 외무성 중심으로 일원화해감에 따라 구막부시대 대마도가 갖고 있었던 외교권은 모두 외무성으로 이전되었다. 1872년에는 메이지 정부가 대조선외교의 최전선이었던 부산 왜관을 대마번으로부터 접수하여 일본 공관으로 만들어버림에 따라 대마도는 조선 관계에서 완전히 손을 떼게 되었다. 그 결과 과거 대마번주가 누려온 경제적 특혜라 할 수 있는 수도서제와 세견선이 폐지되었다. 폐번치현 이후 대마도는 정치·경제·외교적으로 모든 기득권을 상실해 버렸다. 마지막 번주 소오 요시아키라宗義達(重正)도 화족華族 신분을 보장받는 대신 대마도를 떠나 토쿄로 옮겨가지 않으면 안되었다.

이제 조선과 토쿠가와 막부가 유지해 온 260년간의 선린우호는 완전히 단절되고 말았다. 조선과 메이지 일본의 관계는 적대관계에 놓이게 되었으며, 대마도는 한낱 일본의 '변경'에 지나지 않게 되었다. '변경'이란 14세기 중반 이후 거의 500년 가깝게 갈고 닦아온 대마도의 외교기술을 발휘할 중앙무대가 없어졌다는 의미이기도 하지만, 무엇보

다도 오랜 동안 그들이 유일하게 여겼던 가장 큰 생존 수단의 상실을
의미하는 것이었다.

러일전쟁과 병참기지화

일본은 1876년 '조일수호조규(강화도조약)'라는 불평등조약을 바탕
으로 조선을 정치·경제적으로 침탈하기 시작했다. 1880년대는 이를 경
계한 청·러시아와 일본의 이해가 대립되기 시작하며, 1890년대에는 일
본인 공사 미우라고로三浦梧樓의 명성황후(민비) 시해 이후 반일 감정이
악화되게 되었다. 그러는 가운데 한국에서는 친러시아 정권이 수립되어
국호를 조선에서 '대한제국'으로 고치는 등 근대화정책이 추진되자, 러
시아의 한국에서의 이권 확대를 우려한 일본과 러시아의 대립은 피할
수 없게 되었다. 특히 1900년 청에서 반제국주의적인 의화단사건이 일
어나자 일본은 구미열강과 청에 압력을 가하는 한편, 만주에 진출한 러
시아에 대해서는 영일동맹을 맺어 대항함으로써 러일전쟁이 일어났다.

일본과 러시아와의 대립 속에서, 대마도는 군사적으로 주목을 받게
되었다. 대마도의 요새화가 추진되었으며, 이는 기본적으로 일본이 세
계 제2차 대전에서 패배할 때까지 지속되었다. 메이지 정부는 대마도
를 국방의 최전선으로 여겨 1886년 이즈하라에 '대마경비대對馬警備隊'
를, 타케시키竹敷에 해군요항부海軍要港部를 설치하였다. 그리고 러시아와
의 대립이 고조되면서 1900년에는 군함이 대한해협쪽으로 운항할 수

있도록 만제키万關운하를 뚫었다. 1905년 러일전쟁 때는 한반도 남부와 동해(대한해협)가 전쟁터가 됨에 따라 대마도의 오사키 등이 출진항으로 이용되었다. 메이지 일본이 대마도의 지리적 위치와 군사적 가치를 중시하는 동안에는 아소완을 중심으로 일대에 포대가 설치되고 군항이 정비되는 등 부분적이나마 근대화의 혜택을 입었다.

한일합방과 '외딴 섬', 대마도

1910년의 한일합방은 대마도에도 큰 영향을 미쳤다. 조선의 식민지화를 계기로 일본정부와 재계의 관심이 온통 조선으로 옮겨감에 따라, 대마도는 근대화의 사각지대에 놓이게 되었다. 러일전쟁 때까지만 해도 일본 정부가 대마도에 대해 갖고 있던 국방의 최전선 내지는 국경으로서의 관심조차 옅어지게 되었다. 그 결과 오로지 조선과의 외교와 무역에만 의지한 채 이렇다 할 자원과 산업을 갖고 있지 않았던 대마도는 그저 '멀리 외떨어진 섬'으로 남게 되었다.

대마도는 현의 보조비, 또는 자치단위의 예산으로 도로를 정비하는 등 뒤떨어진 시설의 정비에 자구의 노력을 기울였지만, 1937년 중일전쟁 이후 1945년 태평양전쟁이 끝날 때까지 지속된 전시 체제는 대마도로 하여금 식량증산과 내핍생활을 면치 못하게 하는 등 경제적으로 어려운 생활이 지속되었다.

그런데 이 시기는 국가총동원법하에 전시 체제가 진행되는 속에서

러일전쟁 전적지[36]

'모집-관알선-징용' 방식으로 일본에 강제연행된 조선인들이 200만 명이 넘었다. 대마도도 예외가 아니어서 식민지시대의 대마도에는 약 6,000명 정도의 조선인 탄광 노동자가 있었으며 주로 목탄제조에 종사하였다. 식민지시대라는 점을 배제하면 이 시기는 민간 차원에서의 한국인과의 접촉 기회는 많아졌다고 할 수 있다.

한편 식민지시대에는 한국과의 국경이 없어진 만큼 조선에 가는 창구로 히타카츠比田勝와 부산을 잇는 항로가 개설되었으며, 부산과 대마도의 왕래가 그야말로 일일생활권 안에 들게 되었다. 이를테면 대마도 사람들이 병원이나 쇼핑, 극장 구경을 부산에서 하고 그날 안으로 집에 돌아가는 것이 가능해 진 것이다. 대마도와 큐슈 본도를 잇는 '이즈하라-후쿠오카' 선이나, 일본 혼슈와 연결하는 '히타카츠-시모노세키 선' 보다도 시간과 비용이 훨씬 저렴하게 드는 '부산-히타카츠 선'은 일시적이나마 하나의 지역경제였다.

식민지시대 구 대마번주와 결혼한 덕혜옹주

한일합방 이후 대마도는 누구도 주목하지 않게 되었지만, 일제의 식민지정책으로부터 아주 해방되지는 않았다. 식민지 시대 대한제국의 왕녀, 덕혜德惠옹주가 구대마도주 소오 타케유키宗武志 백작과 결혼한 사실이 있었고, 그것이 결코 개인적인 문제가 아니었기 때문이다. 덕혜옹주의 결혼 상대가 왜 굳이 소오 타케유키 백작이어야 했는지는 일제가 조선과 대마도를 어떤 눈으로 보고 있었는지를 알기 위해, 한번쯤 화제로 삼아보는 것도 괜찮을 것 같다.

식민지시대 고종의 딸 덕혜옹주가 일제에 의해 대마도주와 정략결혼을 했고, 그 결혼생활이 아주 불행했다는 것을 알고 있는 사람은 그다지 많지 않다. 이런 사실을 알게 해주는 자료 자체가 어떤 형태의 정보이건 아주 부족하기 때문이다. 1995년 윤석화가 주연했던 연극 '덕혜옹주', 1996년 '덕혜'라는 TV 드라마 이후로, 어디에서 덕혜옹주에 관한 글 한 줄을 보기가 힘들고, 인터넷의 그 많은 사이트에서도 꼭 필요한 정보를 찾기가 쉽지 않다.

하지만 덕혜옹주에 대한 정보의 부족은 일종의 터부 같은 것에서 비롯되는 것이 아닐까 생각된다. 과거에 있었던 그리 듣기 좋지도 않은 사실을 새삼 들추어내서 뭐 그리 보탬이 되겠느냐라는 분위기 같은 것이라고나 할까? 나만 보더라도 대마도의 지인들을 만났을 때, 의식적인 것은 아니지만 굳이 덕혜옹주를 화제로 삼으려고 하지 않았다. 어쩐지 꺼내는 것 자체가 실례라는, 꺼내지 않는 게 좋을 것 같다는 '예의바른' 생각 때문이다.

덕혜옹주가 불행한 삶을 살 수 밖에 없었던 이유로는, 지금까지 그녀의 개인적인 성격이나 경제적인 문제에 초점이 모아져 있었다. 그녀에 대해 알려진 이야기는 대충 이렇다.

덕혜옹주는 고종과 복령당福寧堂 양귀인梁貴人과의 사이에서 태어난 고명딸로, 10대의 어린 나이에 일제에 의해 일본으로 유학가 교육을 받았다. 그러나 어린 소녀는 모국과 어머니에 대한 그리움, 외로움을 감당하기가 어려웠다. 침울하고 어두운 처녀로 성장한 덕혜옹주가 당시 경제적으로 곤란을 겪고 있던 대마도의 소오 타케유키 백작과 결혼했으나, 옹주의 지참금을 노린 대마도주와의 애정없는 결혼생활은 남편의 냉대, 몰락한 나라의 왕녀에 대한 섬사람들의 무시, 둘 사이에서 태어난 딸아이의 죽음으로 불행했었다. 딸이 죽은 후에는 덕혜옹주의 우울증이 더욱 심해져 병원에 거의 감금되다시피 했다가 결국은 이혼 후 귀국하여 창덕궁 낙선재에서 혼자 생활하다 쓸쓸히 죽었다는 것이다. 요컨대 덕혜옹주의 불행은 그녀 자신을 둘러싼 환경에서 형성된 자폐적인 성격, 대마도 소오씨의 경제적 곤란과 한국왕실의 지참금이라는 구조에서 비롯된 것이라는 것이 덕혜옹주를 이해해 온 하나의 틀이었다.

몇해 전 겨울 혼마 야스코本馬恭子선생으로부터 『덕혜희메德惠姬』라는 책을 받았다.* 이 책을 막 받았을 때만 해도, '덕혜옹주' 건은 이미 위

---

* 1998년 일본의 葦書房(福岡)에서 간행. 저자 혼마 야스코 선생은 여성사 전공 학자로, 꼼꼼한 자료 조사 및 발굴, 그리고 소오 다케유키의 詩作 분석이라는 새로운 방법을 동원하여 그를 소개함으로써 소오 다케유키에 대한 오해를 불식시키는 한편, 덕혜옹주와 그와의 관계 복원을 시도하였다. 따라서 어느 한 개인을 중심으로 본 전기나 소설이 아니며, 저자의 일방적인 상상력을 배제하려고 한, 굳이 말하자면 다큐멘타리 역사소설 비슷한 것이다. 저자가 분석시각으로 삼고 있는 '민족'과 '여성'은 필자에게도 많은 가르침을 주었다. 여기에 소개된 내용은 위의 책을 바탕으로 한 것으로 필자의 감상을 덧붙인 것이다.

에서 언급한대로, 식민지 시대라는 상황에서 일어날 수 있는 희생 내지는 불행한 역사적 사실 정도로만 자리매김하고 있었다. 때문에 "뭐 더이상 새로 밝혀낼 내용이 있을까?"라는 것이 솔직한 기분이었다. 그렇지만 책을 붙잡으면서 절제된 문장에 신뢰가 갔다. 이 책은 덕혜옹주에 대한 개인사를 통해 일본이 한민족을 어떻게 정책적으로 말살하려 했는지, 또 덕혜옹주가 여자였기 때문에 왕자들보다도 유린의 강도가 훨씬 심했음을 차분히 말해주고 있었다.

처음부터 끝까지 '민족'과 '여성'이라는 관점을 놓치지 않은 채 파고든 이 책을 읽으면서 한일간 근대사의 일부분이 명쾌히 정리되는 느낌이었다. 한민족을 말살하는 과정에서 왜 한국 황실이 유린의 대상이 되어야 했는지, 덕혜옹주의 결혼 상대로 왜 대마도 소오 타케유키가 뽑힐 수밖에 없었는지, 어린 시절 창경원에 놀러갔을 때부터 가지고 있었던 의문, 왜 조선 임금의 궁궐에 동물원이 있었던 것인지까지도 잘 이해되었다.

덕혜옹주를 굳이 들춰내고자 하는 이유는, 구한국 왕실의 여성이 식민지시대를 산다는 것이 결코 한 개인의 문제가 아니기 때문이다. 왕실이 국가와 민족을 상징하는 측면이 있는 만큼, 그녀의 삶, 불행, 소오 타케유키와의 관계도 식민지 지배라는 구도 속에서 이해되어야 할 성질의 문제이기 때문이다.

일본은 1910년 한일합방을 계기로 구대한제국의 왕족을 '조선왕공족朝鮮王公族'으로 취급하여 일본 황실 밑에 편제하였다. 조선왕실은 궁내성에 설치된 이왕직李王職에서 관리하였다. 혼마 야스코에 의하면, 일본은 조선왕실이 한민족의 상징 또는 구심적 역할을 하는 것을 우려하여 조선왕실을 일본의 화족제도에 편입시켜 '정략결혼', '혼혈' 등을 통해 '일선동화'시키는 한편, 일본식 교육을 통해 왕실을 말살하고 무력화시키려 했다고 한다.

고종과 엄비와의 사이에서 난 영친왕 이은李垠은 이미 합방도 되기 전 그가 10살(1907년) 때 고종과 엄비의 반대에도 불구하고 이토 히로부미伊藤博文의 권유로 일본으로 유학갔다. 유학중에는 일본육군으로서 교육을 받았으며, 1916년에는 일본 황족(方子여사)과 약혼하였다. 1931년에는 의친왕 이강李堈의 아들인 이건도 일본 여성과 결혼하였다. 고종의 외동딸 덕혜옹주도 이왕직 관리의 대상이 되었다. 그러나 덕혜옹주는 다른 왕자들에 비해 그 당시 한민족이 그녀에 대해서 가지고 있었던 기대감이 상대적으로 높았기 때문에 더욱 심하게 유린당한 경우라 할 수 있겠다.

덕혜옹주의 성장과정을 따라가면서 보기로 하자.

옹주가 태어날 무렵 고종은 가족적으로 무척 고독하였다. 우선 1895년에는 소위 을미사변이라 하여 일본인의 시해로 명성황후를 잃었다. 1907년 헤이그밀사 파견을 계기로 강제퇴위 당한 후에는 덕수궁에서

당의를 입은 덕혜옹주의　　영친왕, 순종, 고종, 순종비 윤왕후, 덕혜옹주(1915년경)[38]
어렸을 때의 모습[37]

덕혜옹주의 유치원 시절[39]

거의 유폐생활과 다름없는 나날을 보냈는데, 영친왕 이은은 이미 일본 유학중이었으며, 1911년에는 엄비마저 장티푸스로 죽었다. 덕혜옹주가 덕수궁에서 태어난 것은 고종이 아내와 아들 등 주변의 가족을 하나하나 떠나보낸 채 고독하고 무력감에 빠져 있을 때였다. 1912년 60이넘어 낳은 고명딸 덕혜옹주가 고종에게 유일한 기쁨이었던 것은 말할 것도 없다. 하지만 한편으로는 합방을 계기로 고종은 '이태왕전하李太王殿下', 순종은 '이왕전하李王殿下'가 되어 정치적으로 식물인간화해 가는 등 조선왕실이 무력화해 가는 분위기 속에서 덕혜옹주는 오염되지 않은 유일한 왕족 일원이었다. 당시의 동아일보나 조선일보에 의외로 덕혜옹주의 동정을 살필 수 있는 사진이 있는 것을 보면, 거의 우상에 가깝게 인식되고 있었다는 말이 수긍이 간다.

일본은 민족의식 고양의 촉매제가 될 수도 있는 왕실 가족이 늘어나는 것을 별로 달가워하지 않았다. 그래서 덕혜옹주는 다섯 살 때까지 이름도 없이 그냥 '복령당 아기씨'로 불리웠다. 히노데日の出 소학교 입학을 계기로 비로소 덕혜옹주라는 이름을 얻게 되었다. 일본은 일단 그녀를 왕실 일원으로 인정한 후에는 다른 왕자들에게 그랬던 것처럼, 14살(만 12살) 되던 1925년 토쿄로 유학가 일본식 교육을 받도록 계획하였다. 토쿄에서는 이미 일본 황실 여성과 결혼한 오빠 영친왕 이은의 집에서 함께 생활했지만 유학생활은 고독했던 것 같다. 유학 이듬해 8살 때 고종을 여읜 이후 아버지처럼 돌봐주던 큰 오빠 순종이 위독하다

순종이 위독하다는 소식을 듣고
영친왕 이은부부와 함께 귀국한
덕혜옹주(1926)[40]

덕혜옹주의 웨딩드레스 입은 모습(1931)[41]

덕혜옹주와 소오 타케유키의 대마도 방문(1931)[42]

는 소식을 듣고 이은 왕자 부부와 함께 귀국하여 1926년 4월 순종의 죽음을 맞았다. 그렇지만 일본은 덕혜옹주가 순종의 장례식에 참석하는 것을 허락하지 않았다. 순종의 장례식으로 예정된 6월 10일보다도 한 달이나 빨리 토쿄로 돌아가도록 조치하였다. 일본은 1919년 3·1운동 이후 조선독립에 대한 요구가 높아가던 시점에서 왕실 가족이 참가하는 순종의 장례식이 반일 행동으로 이어지는 것을 우려하였던 것 같다. 영친왕 이은이 일본의 혼혈정책에 따라 이미 일본황족과 결혼하여 조선으로부터 멀어져 간 상황에서, 덕혜옹주가 왕실여성으로서 가지고 있는 상징성 내지는 가능성을 일본은 결코 간과하지 않았던 것이다. 그런 탓인지 순종의 1, 2주기에 덕혜옹주가 영친왕 이은 부부와 함께 귀국했을 때에도 일본은 덕혜옹주만 먼저 일본으로 돌려보냈다. 또 18살 되던 해, 그녀의 어머니 양귀인이 죽었을 때도 귀국은 허락했지만, 이 왕직의 반대로 상복은 입지 못하게 했다. 이유는 양귀인의 신분이 낮기 때문에, 〈왕공가규범王公家規範〉에 따라 조선왕공족인 덕혜옹주가 왕족의 친족을 위해 상복을 입을 수 없다는 것이었다. 원칙대로라면 부모에 대해 1년간 상복을 입을 수 있었지만, 덕혜옹주는 천담복淺淡服(부모 3년상 후 100일간 입는 옷) 차림으로 양귀인의 장례식에 참석하였다. 양귀인의 장례식 행렬에는 많은 민중이 모여들었다. 이 당시 장례식은 그 자체가 최소한 저항의 표시이기도 했기 때문에 이것이 그대로 대규모 반일 시위로 이어지는 것을 경계하였기 때문이다.

덕혜옹주의 귀국(가운데 1962)[43]

덕혜옹주의 회갑연(1972), 왼쪽에서 두번째[44]

왕족이 조선독립의 상징이 되는 것을 우려한 일본 때문에, 덕혜옹주는 이렇게 가족과 헤어지는 중요한 순간, 일본의 간섭으로 절망하였으며, 이는 정신적 장애로 이어졌다. 어머니 양귀인이 죽은 후부터는 정신분열증세가 여실히 보이기 시작했다고 한다. 그즈음 일본은 이미 그녀의 결혼상대를 정해놓고 있었던 것 같다. 덕혜옹주는 19살 때인 1930년 구대마번주의 후예 소오 타케유키 백작과 처음으로 만났다. 이들의 만남을 주선한 것은 일본 궁내성 관리와 테이메이貞明황태후로 추측되고 있는데, 한 여성의 삶에 있어서 중요한 영향을 미치는 배우자 선택권이 이렇게 한국 왕실이 아닌 일본에 있었던 것이다. 결혼 상대로서 대마도주 소오 타케유키 백작을 덕혜옹주가 개인적으로 어떻게 인식하고 있었는지 모른다. 그렇지만 그냥 단순한 외국인이 아닌, 소위 대한제국을 식민지로 만든 일본 남성과의 정략적 결혼을 아무런 갈등 없이 받아들이기는 힘들었을 것으로 생각된다. 벗어날 수 없는 무기력한 현실에서 오는 절망감과 고독감, 모멸감의 축적은 남편이나 대마도 사람들의 냉대나 무시가 없었다 해도 덕혜옹주의 정신적 장애를 유발하기에 충분하였다. 한국 왕실 말살정책은 일본에 있어서는 식민지 정책의 일부에 불과했을 지 모른다. 하지만 왕실의 어린 사춘기 소녀가 겪었던 국가적인 개인적인 불행은 그녀의 가족, 친족 등 개인사 전체를 파괴하는 것이었다. 덕혜옹주가 당했던 고통은 당시의 보통 여성들이 견뎌야 했던 아픔이나 피해보다도 훨씬 더 큰 것이었다고 할 수 있다.

대마도 소오 타케유키 백작에게 있어 덕혜옹주와의 결혼은 무엇이었을까? 소오 타케유키에 대해서는 전혀 알려진 바가 없다. 그나마 덕혜옹주와의 이혼 때문에 한국인에게 있어서는 부정적인 이미지가 강하다. 그러나 일본에서 소오 타케유키를 알고 있는 사람들은 정반대의 이미지를 갖고 있다. 영문학자로 시인이면서 화가였으며, 레이타쿠麗澤 대학교수로 재직하는 동안 학생들에게는 좋은 선생이었다. 그 역시 개인적 감정을 제거하고 본다면 일본의 한민족 말살정책에 노출되어 있었다고 할 수 있지 않을까?

메이지 신정부 수립 이후 한일 관계가 직접통교체제로 바뀌면서, 대마도는 한반도와 정치·경제적으로 직접적인 이해관계가 없어졌다. 더구나 식민지시대 일본의 관심이 만주 및 한국에서의 이해에 집중되면서 대마도는 일본의 관심에서 밀려난 지 오래였다. 1871년 폐번치현 이후 대마도를 떠나 화족으로서 토쿄 생활을 한지 이미 오래인 소오씨 일가에 있어서, 대마도란 이미 경제적인 생활기반도 없어진, 단지 조상들의 연고지로서의 의미만 있을 뿐이었다.

소오 타케유키는 태어날 때부터 소오 타케유키가 아니었다. 그가 부모로부터 받은 이름은 쿠로다 타케유키黑田武志로, 대마도와 인연을 맺게 된 것은 아버지(和志) 때문이었다. 그의 아버지는 원래 구대마번주 소오 요시아키라宗義達의 동생이었으나, 치바千葉현에 있던 쿠루리久留里 번의 번주 쿠로다케를 계승하게 되면서 대마도 소오케가 아버지의 친가가 되었다. 그런 연고로 쿠로다 타케유키는 소학교 5학년 때 토쿄에서 대마도로 전학하여 중학교까지 그곳에서 다녔다. 15살 때인 1923년 구대마번주가를 계승하면서 비로소 소오 타케유키가 되었다. 소오 타케유키는 중학교 졸업 후에는 토쿄로 되돌아가 소위 일본의 특권계급이 다니는 학습원 고등과를 다녔으며, 덕혜옹주를 처음으로 만난 것은 1930년 토쿄대학 영문과 학생이었던 23살 때였다. 이때 소오 타케유키 역시 궁내부로부터 덕혜옹주와의 결혼을 일방적으로 통고받았다. 대마도 소오케는 역사적으로 교토의 쿠게公家나 다이묘가로부터 도주의 결혼상대를 맞은 적은 있다. 그러나 조선과는 이해관계가 깊었음에도 불구하고 조선 여성을 결혼 상대로 맞은 적은 한 번도 없었다. 경제적으로 곤란했던 것은 사실이지만, 덕혜옹주와의 결혼에 대해 대마도에서도 그다지 적극적이지 않았다고 추측하는 것이 최근의 견해이다.

조선은 14세기 이후 조선과 일본의 간접통교 속에서 조선의 번병과도 같은 역할을 해온 대마도를 오랫동안 먹여 살렸다고 인식하고 있었다. 식민지시대에는 그러한 번병의식도 현실감을 잃게 되었지만, 의식의 바닥에는 여전히 남아있었다. 아마도 조선과의 관계에서 대마도가 가지고 있는 이러한 상징성이 일제의 한민족 말살과정에서 소오 타케유키를 주목받게 했던 것 같다. 황족도 아닌 화족, 대마도주를 구한국 왕녀의 결혼 상대로 선택했다는 것은 한민족의 자존심을 손상시키기에 충분한 것이었다.

소오 타케유키가 그린 아소완 풍경화[45]

두 사람의 결혼을 놓고 보면, 그 당시 어느 개인도 일본의 식민지정책에서 자유로울 수 없었다는 생각이 든다. 한민족을 말살하는 과정에서 효율성이 높은 특권계급일수록 오히려 일본 정부에 무방비상태로 노출되어 있었다고 보아진다. 덕혜옹주와 대마도 소오 타케유키 백작의 결혼은 그야말로 민족의 불행과 식민지 정책의 왜곡된 모습이 응축된 것이라 할 수 있다. 덕혜옹주는 1989년 만 76세로 사망할 때까지 태반의 시간을 정신분열증과 자폐증으로 살았다. 소오 타케유키 백작은 시작詩作활동에 전념함으로써 감당하기 힘들었던 현실과 고통을 침묵으로 일관하였다. 한 사람은 질병, 또 한사람은 문학활동을 통해서이기는 하지만, 식민지정책에 누구보다도 심하게 유린당했던 사람들에게 있어서, 침묵이란 단순한 현실도피는 아니었던 것 같다. 어찌보면 한 개인이 할 수 있는 최소한의 저항이었다는 말을 거부하기는 어려울 것 같다.

혼마 야스코 선생은 지금까지 알려진 것과는 달리, 소오 타케유키 백작과 덕혜옹주 사이에 애정이 있었음을 확신한다. 소오 타케유키 백작이 둘 사이에서 태어난 딸 마사에正惠의 초상화를 그린 것이라거나 덕혜옹주에 대해서 남긴 시詩의 주제가 그의 고독감과 덕혜옹주에 대한 연민을 그린 것이라 한다. 침묵은 여러 가지로 해석될 수 있지만, 소오 타케유키의 침묵이 애정표현의 하나였다고 한다면, 그나마 위로가 될 것 같다.

대마도의 역사민속자료관 현관에는 소오 타케유키가 그린 〈아소완

방치된 결혼기념비[46]

풍경〉이 걸려 있다. 자료관을 몇 번이나 가봤지만, 그저 그곳의 소장자
료이려니 라고만 생각했었다. 역사적인 사실이 한 개개인의 삶으로 이
해될 때, 그 전에 못 느끼던 호기심이 솟구치는 것은 참 이상한 일이다.
이런 걸 '현실감'이라고 하는지, 얼마 전 자료관을 방문했을 때 그동안
무심코 지나쳤던 그의 그림을 확인한 것은 즐거움의 하나였다.

　　그렇지만 확인한 것 또 하나, 만송원의 입구, 옛날에 고문서를 보관
해두던 서고 뒷편에는 덕혜옹주가 소오 타케유키와 결혼한 것을 기념
하여 당시 대마도 사람들이 돈을 내서 세운 '성혼' 기념비가 넘어진 채

최근에 다시 세워진 덕혜옹주와 소오 타케유키의 결혼기념비[47]

방치되고 있었다. 똑바로 세우는 것을 싫어하는 일부 사람들 때문에 그렇게 있는 것이라 한다. 대마도에 있어서 두 사람의 결혼은 역시 잊어버리고 싶은 상처였던 것 같다. 최근 이 비는 신지이케心字池 공원에 다시 세워졌다.

종전 이후의 대마도

나가사키현에 남게 된 대마도

종전 이후 대마도에서는 어떤 일들이 있었을까?

대마도에도 미점령군이 발을 디딤에 따라, 얼마간은 전후처리 및 미군에 의한 치안이 유지되었다. 1945년 11월 대마도 남북의 중요한 곳에 구축된 포대를 폭파하기 위해 처음으로 점령군이 대마도에 들어왔다. 1946년 5월 이들이 철수한 후에는 미군 CIC(첩보기관) 사령부가 무기 접수를 명목으로 들어와 1951년까지 진주하였다. 1274년 코모다小茂田 해변에 몽고군이 쳐들어온 이래 오랫동안 피부색이 다른 외국인을 본 적이 없는 대마도로서는 점령군에 대해 처음에는 위화감도 있었던 것 같다. 그러나 점령군 사령관의 대마도의 역사와 자연에 대한 배려나 온화한 태도로 인해 점령기간 동안 대마도인들과의 불미스러운 마찰은 없었다고 한다.

1950년 한반도에서 일어난 6·25전쟁 때문에 미점령군은 대마도에 1959년까지 있었으며, 미군 철수 이후에는 미·일 안보체제를 배경으로 1960년 카미쯔시마쵸 코라이야마上對馬町 高麗山에 해상자위대의 레이더 기지가 설치되었다. 이에 따라 '해상자위대 대마도감시대'가 대마도와 조선해협을 오가는 각종 선박의 움직임을 파악하게 되었다.

한편, 종전 이후 대마도 내부적으로는 '전현轉縣'운동이 정치적 이슈였던 것 같다. 대마도는 지리적으로는 후쿠오카에 훨씬 가까워 모든 교통편이나 생활권, 경제권이 후쿠오카와 연결되어 있다. 그럼에도 행정상으로는 메이지 이래 나가사키현의 행정단위로 되어 있었다. 이런 불편함을 해소하기 위해 이번 기회에 행정구역을 아예 후쿠오카현으로 옮기려는 소위 '전현운동'이 전개되었다. 그러나 1949년 낙후되어 있는 대마도의 도로·항만·전력시설을 확충·개발하는 비용 12억엔을 나가사키현이 부담한다는 조건 때문에 후쿠호카현으로의 전현운동을 포기하지 않을 수 없었다. 그 결과 1951년에는 '대마도 종합개발지구'가 설정되었다. 1954년에는 대마도를 남북으로 관통하는 쯔쯔豆酘에서 사스나까지의 '종관도로', 그리고 소오曽에서 토요사키豐崎를 잇는 동해안 도로와 게치鷄知에서 사스佐須를 관통하여 서해안을 일주할 수 있는 '순환도로' 개발을 바탕으로 하는 5개년 종합개발계획이 결정되었다. 이의 실행을 위해 나가사키현에서는 25억엔을 의회에 상정하였다. 전현운동의 포기는 역사적으로 일본내 정치적 변화가 있었을 때마다 대마도의 이해나 위상을 둘러싸고 꿈틀대던 에너지와 모험을 이해하면 충분히 이해할 수 있는 일이다.* 어쨌든 이러한 개발계획으로, 1954년에는 대마도 158부락 가운데 90퍼센트에 해당하는 마을에 전등이 보급되었고, 1957년에는 하카타－이키－이즈하라를 잇는 정기노선이 생기게 되었다. 60년대까지도 개발은 계속되었으며, 종관도로 개발에는 육상자위대가 투입되어 1968년에 개통되었다. 대마도민을 위한 의료기관(치과), 교원양성소, 제도 및 법률 등이 마련된 것도 이즈음이다. 전현운동의 포기를 계기로 50년대에 그려진 대마도 근대화의 밑그림은 60년대까지도 계속 추진된 결과, 지금과 같은 생활환경과 교통망이 형성되었다. 그러나 이와같은 지역개발은 한편으로는 사스지구의 동방아연광업소와 같이 70년대에 들어 카드뮴 유출 등의 환경오염 및 '이타이이타이병' 등의 공해문제를 유발시키기도 했다.

　60년대 이후 대마도 개발 내지 근대화는 고도성장을 배경으로 한 관광 붐과도 맞물려 지역 정체성 형성에도 영향을 미쳤던 것 같다. 예를 들면 개발과정에서는 역사 유산의 훼손을 막기 위해 역대 대마도주의

---

* 가깝게는 막부 말기 서양세력에의 새로운 대응이 요구되는 가운데 막부가 조선과의 통교도 직접통교로 전환해 가려 했을 때 막부에 조선과의 통교를 내놓는 대신 큐슈의 어딘가에 그에 상응하는 땅을 요구하던 '移封'을 요구하였다. 대마도의 교섭은 메이지정부에 들어와서도 계속되었다. 조선과의 외교를 외무성에서 맡고 나가사키현에 소속되는 대신 많은 배상금을 받았다.

대마도의 옛 모습과 오늘

묘역인 반쇼인万松院이 현의 문화재로 지정되는 등, 문화유산에 대한 관심이 고조되었다. 고대부터 근대까지의 유산이 풍부한 대마도는 고고학적으로도 주목을 받았는데, 게치쵸 네소鷄知町 根曽의 적석총에서 동검銅劍, 토요타마 무라豊玉村에서 한반도에서 제작된 마탁馬鐸(말방울)이 발굴되면서 대마도는 대륙문화의 전진기지로 인식되게 되었다. 향토문화에 대한 새로운 인식은 대마도 문화학회나 대마도 문화보존협회의 조직을 가능하게 했으며, 1968년 스토主藤가·시마이島居가는 주택 자체가 농가 및 부케武家야시키로 나라의 중요문화재로 지정되었다.

뿐만 아니라, 70년대에 들어와서는 헬리콥터 엔진이기는 하지만 대마도(이즈하라)와 후쿠오카, 나가사키를 잇는 항공로 개설(1975년) 및 교통망의 발달로 관광이나 여가 이용차 대마도에 들어온 외지인이 증가하게 되었다. 그러나 이들에 의해 고문서 등 대마도의 문화유산이 섬 밖으로 반출되게 되자, 역사유산의 유실을 막기 위해 역사민속자료관이 건립되는 한편, 고문서에 대한 대대적인 조사도 있었다.

대마도는 1960년에는 대마도 전체가 현립공원으로 지정되었으며, 1968년에는 이키와 함께 국정공원으로 지정되었다. 그리고 1975년에는 시미즈야마淸水山산성, 네소根曽고분군이 일본의 지정사적이 되었는데, 관광으로 대마도의 활로를 모색하려는 것과 무관하지 않다.

국경을 사이에 둔 대마도와 한국

1945년 8월 15일 세계 제 2차 대전에서 일본의 패배와 한국의 주권 회복으로 한국과 일본 사이에는 국경이 다시 생기게 되었다. 그리고 1952년 '이라인(평화선)'설정을 계기로 한국보호수역 안에서 일본 선박의 조업이 금지되자 자유로운 교류나 조업은 어려워지게 되었다. 예를 들면, 패전 전 목탄제조 관계로 대마도에 거주하던 많은 수의 한국인은 귀국하지 않을 수 없었다. 1949년 대마도에 남게 된 한국인은 2,000명 정도였다. 또 '이라인'설치 이후에는 대마도 서안에서 조업하던 나가사키 배가 한국경비정에 나포되기도 했는데, 이곳은 참치·방어·가다랭이 등이 많이 잡히는 곳이었다. 이에 대마도 주민들이 '이라인'철폐 및 어선의 안전 조업 요구를 위한 시위를 하게 되었으며, 일본정부에 손해배상을 청구하는 일 조차 있었다.

그러나 교류에 대한 욕구는 밀항·밀무역을 통해서 계속되었다. 종전 이후 얼마 되지 않은 1949년 대마도에서 조사된 밀항자나 밀무역 통계

중에서는 한국인이 가장 많았다. 1950년 6·25 전쟁 때에는 대마도에서 한반도의 포탄 소리를 들을 수 있을 정도라 했는데, 정말 대마도가 염려했던 대로 전쟁을 피해 부산·통영·여수에서 출항하여 대마도로 밀입국하는 한국인들이 급증하였다. 이들은 주로 밀무역에 종사하였다. 미군에서 방출된 페니실린이나 다이야진 등의 약품과 사탕을 일본의 의류 및 알미늄 제품과 교환하였다. 1955년 통계를 보면 대마도 거주 한국인은 2,385명으로, 수산업이 164명, 목탄제조가 41명, 선원 34명, 해녀가 30명에 달하였다.

1952~1965년 '이라인' 설정기에는 한국에서는 금지했지만 일본정부의 묵인 하에 대마도를 무대로 한국과 일본 사이에 밀무역이 활발하였다. 1955년부터 5년간 대마도의 이즈하라에 들어온 한국선박은 처음 90척에서 978척으로 늘어났다. 마산·여수·통영·부산·삼천포 등지에서 들어오는 한국 배들은 주로 고철과 김 등의 해산물을 실어와 일본 의류 및 화장품과 바꿔갔다. 한창 때에는 대마도 이즈하라에 들어오는 한국 배가 하루에 20~30척으로 한국 선원들이 식사나 선물을 마련하기 위해 쓰는 소비가 이즈하라를 활기차게 만들었다.

그러나 1962년경부터는 목탄제조업의 쇠퇴, 한일무역의 쇠퇴로 대마도내 한국인들이 오사카大阪·코베神戸로 이주 및 귀국을 신청하는 사례가 증가하게 된다. 1967년 대마도내 한국인들은 757명 밖에 되지 않았다. 뿐만 아니라, 1968년에는 한일국교가 정상화됨에 따라 밀무역 형

태의 교류도 사라지게 되며, 한국인과의 접촉 기회는 그만큼 줄어들게
되었다.

3 일본의 변경,
대마도의 거듭나기

변화된 삶
새로운 명소·명물 만들기
지역경제로 거듭나기

'중앙'에서 '변경'으로의 변화는
대마도의 경제 구조에 엄청난 변화를 가져왔다.
조선과의 무역에서 얻는 차액이 주수입원이던 대마도는
조선과 무역이 끊어지면서 바다를 문전옥답으로 삼아
고기잡이와 에도시대 이래의 임업을
주요 생계수단으로 삼는 수 밖에 없었다.

변화된 삶

    대마도에는 현재 5만이 채 안되는 사람들이 살고 있다(1990년 통계, 46,064명). 17·18세기에 비해 크게 불어난 숫자는 아니다. 300년 전인 에도시대에도 3만명은 되었으며, 1960년대에는 7만 명 가깝게 거주한 적도 있었다. 지금의 5만명은 오히려 20세기 초(메이지 말기)와 비슷한 수준이다.

    섬의 89퍼센트가 산림으로 덮여 있는 대마도에는 한데 모여 살만한 넓은 공간이 없다. 대마도의 중심인 이즈하라嚴原에 9,049명 정도(1997년 통계)가 모여살고, 나머지는 해안가의 크고 작은 포구에 분산되어 있다. 그 중에는 300명 이하의 작은 마을이 전체의 74.4퍼센트나 차지하고 있으며, 이러한 인구분포는 전근대와 큰 차이가 없는 것처럼 보인다.

    그러나 대마도는 19세기 말~20세기 초 일본에서 있었던 정치적 변동과 국제관계의 변화 틈새에서 일본의 다른 어느 곳 보다도 많은 변화를 겪었다. 불과 130년 전만 해도 대마도는 일본(토쿠가와 막부)을 대신하여 조선정부와 통교를 하고, 또 조선정부의 대일본창구 역할을 하였다. 때문에 대마도는 작은 섬임에도 불구하고 국제외교무대의 '중앙'에 있었으며, 막부나 조선으로부터 경제적으로 많은 기득권을 얻을 수 있었다. 그 덕분에 한때는 사치로 흥청거려 왜관 안에서 대마도인들의 비단 옷 착용이 금지되기까지 하였다. 그러나 19세기 말 '메이지 유신'이라는 정치적 변혁을 계기로 일본외무성이 대마도로부터 외교권을 접수함에 따라 대마도는 국제 외교 무대에서 사라지게 되었다. 또 영국·프랑스·러시아·미국 등 서양 열강의 아시아 진출로 메이지 정부가 조선과의 관계보다도 서양 열강과의 관계를 중시함에 따라, 대마도는 그야말로 일본의 '변경'에 지나지 않게 되었다.

'중앙'에서 '변경'으로의 변화는 대마도의 경제 구조에 엄청난 변화를 가져왔다. 조선과의 무역에서 얻는 차액이 주수입원이던 대마도는 조선과 무역이 끊어지면서 바다를 문전옥답으로 삼아 고기잡이와 에도시대 이래의 임업을 주요 생계수단으로 삼는 수 밖에 없었다. 궁핍은 만성화되었으며, 중일전쟁 이후 태평양전쟁에서 패배할 때까지의 총동원령은 대마도 사람들로 하여금 더욱 더 내핍생활을 하게 만들었다.

패전 이후 대마도는 산업화라는 틀 안에서 또 다른 변화를 겪었다.

메이지 말기 이래의 인공조림사업은 꾸준히 계속되어 대마도 도처에서 발견되는 쭉쭉 뻗은 삼나무나 회나무숲은 전체 삼림의 39퍼센트를 차지하기에 이르렀다. 그러나 1960년대 이후 노동력 부족, 조림 및 유통 비용의 증가로 인해 목재나 펄프 가공보다는 삼나무숲 그늘에서 재배하는 버섯양식쪽으로 방향을 전환하지 않으면 안되었다. 또 지하자원이 풍부한 대마도는 아연탄광의 개발로 호황을 누렸다. 대마도 인구가 한 때 7만을 육박했던 것은 아연탄광 개발 덕분으로 외지에서 많은 사람들이 들어왔기 때문이었다. 그러나 1970년대 이르러 달러 파동 이후 경제적 효율성이 떨어진다는 이유로, 또 카드뮴 공해로 인해 1973년에는 동방아연(주) 대마광업소가 폐산되기에 이르렀다. 대마도 인구가 급격히 줄어든 것은 물론, 아연 광산으로 번성했던 이즈하라쵸의 사스지구에는 지금까지 파헤져진 채로 구멍이 휑하니 뚫려 내팽개쳐진 폐광과 주인없는 아파트 단지가 황량하게 남아 있다. 산업화의 소용돌이가 대마도를 그냥 지나치지 않은 흔적이 역력하게 남아 있다.

지금 대마도에서 뭔가 일을 가지고 있는 사람들 가운데 농업이나 임업·어업에 종사하는 사람들이 많은 것은 이 때문이며, 전체 취업인구의 28.9퍼센트(6,190명)를 차지하고 있다. 어업은 1차 산업 종사자의 76.1퍼센트로 대마도의 산업을 받쳐주고는 있으나 현재 감소 일로에 있다고 한다. 일본의 여느 농·어촌이 그러하듯이 대학교에 들어갈 정도가 되면 청소년들이 모두 도시로 빠져나가 섬에 중장년층의 어른과 어린이들만 남게 된 까닭이다.

대마도가 일본의 '변경'으로서의 길을 갔다고 하는 것은 경제구조 이외에 언어나 의·식·주 등의 생활양식 및 가족형태 등도 일본의 여느

폐광된 아연 탄광[48]

곳과 다름없게 되었다는 것을 의미하기도 한다.

대마도에 들어서면 처음에 그 독특한 경관에 놀라게 된다. 이즈하라의 경우, 메이지 시대의 화재로 죠카마치城下町를 상징하는 대마번주의 성은 남아 있지 않지만, 중심도로에서 조금만 골목으로 들어가면 이 모퉁이 저 모퉁이의 현대식 주택이나 건물 사이사이로 담쟁이에 뒤덮여 있는 옛 대마번주의 가신이었던 무사들의 집과 담벽, 에도시대 때와 똑같다는 좁은 길폭 등 아직도 옛모습을 지니고 있는 것이 일본의 다른 곳과는 다르다라는 것을 느끼게 한다.

그러나 이들의 일상을 들여다 보면, 역사적으로 우리와 많이 접촉했음에도 불구하고, 일제시대에는 일일생활권 안에 들어 있었음에도 불구하고 언어나 의·식·주 등의 생활양식이 여느 일본인과 다르지 않다. 소위 '표준화'라는 틀 속에 많이 맞추어져 있다고나 할까?

대마도에 가면 '어서오십시오' 등 공항·관광 명소·공공 장소·가게 등에 여기저기 한국말로 씌어진 안내문이 눈에 띈다. 한국인과 접촉이 잦은 대마도 사람들 가운데 '안녕하세요', '안녕히 가세요'는 기본이고 한국인들과 나누는 대화도 대충의 분위기는 눈치로 파악한다. 그러나 말 몇 마디를 안다고 해서 한국어 영역에 있는 것은 아니다. 언어학적인 차원의 문제는 별도이겠지만, 제대로 의사소통을 하기 위해서는 기본적으로 통역이 필요하다. 대마도 안의 한국어는 큐슈의 후쿠오카나 나가사키 등 한국인 관광객이 있는 곳에서 한국인에 대한 편의를 제공

탄광촌에 빈 채로 남아 있는 아파트[19]

하고 또 앞으로의 관광객을 겨냥한 배려 그것이다.

요즘 대마도인들이 구사하는 일본어는 전국 어디에서나 들을 수 있는 표준 일본어다. 19세기 말 이후 대마도를 지배했던 소오씨가 토쿄로 옮겨가고, 근대식 교육제도의 보급과 의무교육, 그리고 공중파 텔레비젼의 보급으로 일본의 어디에서도 토쿄 표준어를 사용하게 되었다. 아주 개인적인 장소나 관계에서라면 몰라도 공적인 장소에서는 대마도 방언을 듣기 어렵다. 우리가 제주도에 가서 제주도 사투리를 들을 수 없는 것과 마찬가지라고 하겠다. 그러나 이들이 토쿄 사투리까지 구사하는 것은 아니며, 대마도 안에서도 지역별로 또 계층별로 다른 일본어를 구사하고 있어서 나름대로는 차별이 존재하는 것을 느낄 수 있다.

먹는 것도 마찬가지이다. 여관이나 호텔에서 주는 아침밥은 언제나 미소시루·김·생선구이 한 조각·계란·츠케모노(야채절이)로 일본 전국의 어디를 가도 똑같은 표준화된 식단이다. 물론 대마도니 만큼, 일본식 야채절이 대신에 '기무치'가 나올 때도 있다.

조용한 대마도의 변화는 주택에서도 느껴진다. 예전에 비해 경제적으로 윤택해지고 핵가족화가 진전됨에 따라 2~3세대의 대가족이 한집에서 살던 모습이 점차 사라지고 있다. 분가해서 독립한 핵가족이 늘어나고, 또 생활하기에 편한 현대식 주택에 대한 선호도가 높아지면서 주택에 대한 수요가 늘어나고 있다. 게다가 외지에 나가 있는 젊은이들이 상대적으로 싼 땅값 때문에 고향에 '내집'을 마련해 보려고 하면서, 인

옛담과 집을 헐어내고 개조해서 살고 있는 주택가[50]

구가 늘어나는 것이 아닌데도 여기저기 새로운 주택 건설현장이 눈에 띄게 늘어나고 있다. 가족 형태의 변화 등으로 인한 대마도 안의 주택 건설은 앞으로도 계속될 것으로 보인다.

또 1960년대 이후 자동차 문화가 물밀듯이 들어와 대마도의 교통 수단이나 거리의 경관도 자동차를 배려하지 않을 수 없게 되었다. 시내 여기저기 남아 있는 옛 가옥의 담장들 가운데는 칼로 반듯하게 잘라내버린 것 처럼 보이는 것들이 있다. 물론 자연적으로 훼손된 것은 아니다. 자동차가 생활·교통수단으로 정착되면서 자동차의 출입과 주차를 위해 차고를 만들어야 하기 때문에, 인위적으로 담을 헐어버린 것이다. 그러나 무작정 헐어버리는 것은 아니며, 최대한 옛모습을 간직하기 위해 훼손을 억제하려는 노력이 엿보인다.

사람들의 생활이 변하면서 휴식을 취하는 모습도 변하고 있다. 현재 인구 9,000명이 조금 넘는 작은 도시 이즈하라는 번화가를 조금만 벗어나면 좁을 골목길을 끼고 양쪽으로 식당·술집·노래방(카라오케)이 즐비하다. 100채 가량으로 보이는 가게들은 이즈하라 인구 100명이 가게 한 집을 받쳐주고 있는 셈으로, 그 중에는 반가운 한글 간판도 있다. 조선을 왕래하며 많은 무역 흑자를 남기던 시절의 흥청거림이 없어진 지 이미 오래인 대마도에서 이제는 이즈하라라고 해도 외교와 무역이 아닌 체력 소모가 많은 어업이나 임업에 종사하고 있는 사람이 많다. 또 관공서·병원 등의 주요 공공시설 및 금융기관 등의 서비스 업체와

이즈하라의 식당가[51]

에너지 공급업체 등이 몰려 있다. 고독한 섬 대마도에서 여러 직종에 종사하는 사람들이 피로와 고독감을 달래고 스스로를 위로하기 위해 대마도인들은 노래방이라는 쉼터를 마련한 것 같다. 쉼터의 숫자가 사람수에 비해 상대적으로 많다는 것을 제외하면, 카운터에 혼자 앉아 홀짝홀짝 술을 마시고 '마마'와 이야기를 나누며, 그러다 지루하면 마이크를 손에 쥐고 혼자서도 얼마든지 놀 수 있는 놀이방법과 놀이터가 영낙없는 일본이다.

그들의 의식세계는 또 다른 모습이겠지만, 적어도 겉으로 본 대마도의 생활양식은 일본 전국 어디와도 같아 보인다.

새로운 명소·명물 만들기

지금 대마도가 안고 있는 가장 큰 고민은 대마도를 떠나는 젊은이들의 숫자가 자꾸만 늘어나고 있는데, 대마도를 찾는 관광객들의 발길은 뜸해 경제적으로나 사회적으로 대마도가 활력을 잃어가고 있다는 것이다.

이런 고민은 대마도 혼자서만 하는 것은 아니다. 과거에 배가 중요한 교통수단이었을 때 번성했던 항구나 근대화 과정에서 낙후된 지방 도시가 모두 함께 겪고 있는 문제이기도 하다. 조선 통신사가 에도까지 갈 때 통과지점에 있었던 지역들도 예외는 아니다. 대마도를 비롯하여,

이즈하라의 슈젠지[52]

이키 카츠모토勝本(나가사키켄長崎縣)·아카마세키赤間關(야마구치켄 시모노
세키山口縣 下關)·카마가리鎌刈(히로시마켄廣島縣)·토모노우라鞆浦(히로시마
켄)·우시마도牛窓(오카야마켄岡山縣) 등지는 한때 통신사 일행의 배편이
나 접대의 편의 제공을 위해 각지의 산물 및 상인이 모여들었다. 그리
고 양국인이 서로 접촉하고 문화적으로 교류하는 과정에서 활기가 넘
치던 때도 있었다. 이런 곳에서는 떠나간 젊은이들에게 고향에 대한 관
심을 불러일으키고 관광객을 불러와 도시의 활력을 되찾기 위해, 고향
에 대한 정체성을 회복하는 것이 가장 빠른 지름길이라는 생각들을 하
고 있다. 정체성 회복을 위한 노력은 자연히 자신들의 역사에 대한 관
심으로 이어져, 향토사鄕土史 간행과 새로운 사료들이 발굴되고 있다. 박
물관이나 미술관에서는 조선 통신사와 관련된 특별전을 기획하고, 통
신사 행렬을 가미한 축제나 접대 음식을 그대로 복원하여 지역사를 소
개하는 일에 관심을 쏟고 있다. 그리고 자신들의 역사를 관광붐과 연관
시켜 상품으로 개발하는 것도 중요한 일로 여기고 있다. 경제가 윤택해
지면서 휴식이 점점 일상생활의 중요한 부분으로 자리잡아가고 있는
지금, 많은 일본인들은 틈만 나면 관광과 여행에 시간과 돈을 투자하고
있다. 이 덕분에 지역의 정체성 회복과 관광붐이 맞아 떨어져 활력을
되찾은 곳도 있는 것 같다. 그러나 하루 일과에서 목욕을 중요하게 여
기는 일본인들은 아무리 볼거리가 있어도 온천욕을 할 수 없는 곳이라
면 굳이 많은 비용을 들여가며 쉬러 가려고 하지 않는다. 유감스럽게도

대마도는 이 온천이라는 것이 없는 탓인지 관광 특수의 혜택을 받지 못해 아직까지 흥청거리는 온천장 분위기는 없다.

지금의 대마도 역시 『이즈하라쵸시嚴原町誌』·『미네쵸시峰町誌』 등의 향토사를 간행하는 한편, 한국과의 관계 속에서 대마도라는 지역의 정체성을 회복하고 활력을 찾으려 하고 있다. 대마도는 조선의 통신사가 일본땅을 밟는 첫 길목이었던 만큼, 통신사 초빙시 자신들의 역할을 찾아내 전시회나 축제의 형태로 소개하는 한편, 그동안 별로 알려지지 않았던 조선과 일본간의 새로운 교류 사실도 밝혀내 그것을 알리고 새로운 명소·명물을 만들어내는 작업에 신경을 쓰고 있다. 이즈하라를 비롯한 대마도의 이곳저곳에 서 있는 기념비 가운데, 비교적 최근에 세워진 현창비들은 한국과 관련된 것들로 대마도 거듭나기의 일환이라 하겠다.

이즈하라의 슈젠지와 최익현선생비

이즈하라 시내에는 한국과 인연이 깊은 사찰이 몇 개 있다. 그 중의 하나가 슈젠지修善寺로 절문을 들어서자마자 뜰 오른쪽으로 구한말 유학자 면암 최익현 선생의 비가 있다.

구한말 위정척사의 거두였던 최익현은 1905년 체결된 '한일신협약(을사조약)'과 이를 허락한 '을사5적'에 대해 상소문을 내어 항의하는 한편, 의병을 일으켰다가 일본 관헌에 붙들려 대마도로 유배되어, 박해 끝에 단식 순국한 것으로 알려져 있다. 대마도(대마도 경비대)의

박해에 대해서는 반론도 있다. 그러나 최익현의 인격과 우국충정은 유배생활을 하던 대마도 사람들에게도 존경을 받았으며, 그의 죽음을 애도한 대마도 사람들이 슈젠지에 유해를 모시고 제사를 지냈다고 한다. 이 때문에 지금까지의 오해를 풀고 한일 우호의 한 단편을 기리기 위해 대마도와 한국의 성금으로 최익현 선생 비를 세워 추모하려고 했을 때 최익현과 인연을 맺은 슈젠지가 뽑힌 것이다.

대마도를 방문하는 한국 사람들은 으례 이 절을 찾아 최익현을 추모하는 탓인지, 이 절의 주지는 한국 사람에게 최익현의 영정을 빌려주며 법당에서의 추모와 최익현 비 앞에서의 사진 촬영에 편의를 베풀어주고 있다. 대여료를 받는 것은 아니지만, 시주 정도는 하는 것 같다.

슈젠지를 미술사적으로 보자면 한국과 관련된 것도 있다. 절문을 들어서 몇 발 내딛기도 전 바로 앞에 있는 법당에는, 통일신라시대의 작품으로 추정되는 금동제품의 여래입상이 모셔져 있다.

와니우라의 조선역관사비

대마도 북단 와니우라鰐浦 언덕에는 높이 3미터 정도의 '조선역관사비朝鮮譯官使碑'가 서 있다.

1703년 2월 5일 밤 대마도 북단 와니우라 해변에서는 아무도 생각지 못한 큰 사고가 일어났다. 대마번 중흥의 영주라 일컬어지는 제 21대 도주 소오 요시자네宗義眞에 대한 조문과, 새 도주 소오 요시미치宗義方

슈젠지의 최익현 선생 추모비[53]

가 에도에서 태어나 처음으로 대마도로 들어오는 것을 축하하기 위해 떠났던 조선의 도해역관 일행 108명(정사, 한천석韓天錫)이 전원 익사해 버린 것이다. 이들이 부산을 떠난 2월 5일 아침에는 북서풍의 순풍이 불었으나 점차 남서풍으로 변했던 모양이다. 바람과 파도 때문에 물살이 거세지며 와니우라 근처의 암초에 부딪혀 대마도에 오르기도 전에 배가 파손되어 전원이 익사해 버린 것이다. 겨울 밤 찬바람 속에서의 해난사고였기 때문에 대마도측의 구조활동도 쉽지 않았으며, 생존자 없이 시신 몇 구만 건졌을 뿐이었다. 외교 임무를 수행하는 역관 일행들의 익사였던 만큼 대마도측에서 전전긍긍하였고, 조선도 대마도측이 일부러 구조를 방기하거나 대마도에 오르지 못하도록 해친 것도 아니었기 때문에, 이 사고로 조선과 대마도 간의 관계가 경직되지는 않았다. 그러나 양국간의 선린우호를 위한 공무수행중 순직한 이들의 죽음은 까마득하게 잊혀져 갔다. 조선이나 대마도측에서는 그들이 죽은 지 280년만에 이들의 순직을 기리기 위한 비석을 세웠다.

1990년 와니우라 언덕에 한국과 대마도 사람들의 성원으로 세워진 비는 그들의 익사 지점으로 추정되는 곳에 세워졌다. 한국 전망대가 있는 이곳은 앞으로 명소가 될 것 같다.

미네쵸의 표류민 비
120년 전까지만 해도 동·남해상에서 바람이나 태풍, 또는 해류에 잘

1703년 와니우라 근처에서 익사한 역관 일행의 추모비. 얼마전 익사자 명단이 발견되어 그 이름들이 새겨져 있다.[54]

못 휘말려 일본에 표착한 조선인은 그곳이 어디이건 대마도를 통해 조선으로 돌아올 수 있었다. 물론 조선에 표착한 일본인들도 일본으로 귀국할 수 있었으며, 이는 조선정부와 토쿠가와 막부간에 우호가 있었기 때문에 가능한 일이었다. 그러나 메이지 정부 수립 이후에는 표류민의 송환 방법이 달라져 표류민들을 무상으로 송환하는 관행은 사라지게 되었다.

대마도 해변가에는 한국 상표가 인쇄된 라면 봉지, 또는 콜라 병 등 각종의 한국 쓰레기가 해류나 바람을 타고 떠내려 온다. 그 속에는 한국인으로 확인되는 시체도 있으며 일 년에 1~2 구는 된다고 한다. 이들은 항해중 표류하다가 익사한 것인지, 또는 살해되어 버려진 것인지는 몰라도 대마도 해변까지 표류하여 오는 동안 부식되어 형체를 알아볼 수 없는 것이 대부분이다. 옷 속에 신분증이 들어 있는 경우는 곧 신원을 확인할 수 있지만, 그렇지 않은 경우에는 옷에 붙어 있는 상표가 이들의 신원을 확인할 수 있는 유일한 단서이다. 조선과 토쿠가와 막부간에 선린 우호가 이루어졌을 때라면 이들은 대마도가 시체를 정중히 관에 넣어 조선으로 송환했을 터이지만, 현재는 신원을 확인했다고 해도 시체를 되돌려 줄 수 있는 방법이 없다. 시체를 찾아가려는 사람도 없으며, 절차 및 비용도 문제이다. 대마도는 대한해협에서 조난사고를 당한 이들의 영을 위로하기 위해 1992년 11월 '쯔시마해협조난자추도지비對馬海峽遭難者追悼之碑'라는 위령비를 세웠다.

대한해협에서 조난당한 조선인 표류민들의 영혼을 위로하기 위한 비[55]

카미아가타쵸의 박제상비

대마도 북쪽 카미아가타쵸 사고무라^{上縣町 佐護村}의 도로변에는 신라의 외교가로 활약했던 박제상^{朴堤上} 추모비가 있다. 5세기 초 고구려 광개토왕의 남진이 계속되자 신라는 백제를 견제할 필요에서 내물왕의 세째 아들인 미사흔^{未斯欣}을 일본에 보내 군사 원조를 요청했으나 인질로 잡히게 되었다. 박제상은 미사흔을 구하기 위해 일본에 파견되어 미사흔을 탈출시키는데 성공했으나, 그 자신은 붙잡혀 비명에 갔다고 한다. 그의 처형 장소는 후나코시^{船越} 근처라는 설도 있으나 확실치는 않다. 한국과 대마도는 성금을 거둬 1988년 8월 8일 그를 추모하는 '신라국사 모마리힐지 박제상공 순국지비^{新羅國使 毛麻利叱智朴堤上公 殉國之碑}'를 사고무라에 세워 위로하고 있다.

아리랑 마츠리

일본의 마츠리^祭는 조상의 영을 위로하건 신에게 빌건, 무병·장수·안산^{安産}·풍어·풍작·액운 퇴치 등 일상생활의 안전과 무사함을 기원하기 위해 치르는 의식으로 일상생활을 하는 가운데 필요에 의해 생겨난 것들이다. 대마도에는 이런 전통적인 각종 마츠리나 연중행사가 전도에 걸쳐서 29가지나 있다.

이즈하라에서 매년 8월에 열리는 '아리랑 마츠리'는 대마도 사람들이 일상 생활의 안전을 기원하기 위해 치루는 마츠리는 아니다. 1988

박제상 추모비[56]

아리랑 마츠리 행렬 모습[57]

년 이즈하라가 예전의 활력을 되찾기 위해 '대마도 국정공원지정 20주년'을 기념하여 '이즈하라 항구 마츠리'에 한국풍을 가미하여 발전시킨 행사이다. 한국풍이란 바로 조선통신사 행렬을 가미하여 이국풍이 물씬 풍기도록 한 것이다. 원래 통신사 행렬에 여자는 등장하지 않지만, 아리랑 마츠리에는 부채를 든 여자들도 행렬에 들어있어 다소 생소한 느낌도 든다. 이 마츠리에는 한국이나 일본의 다른 지역에서 관광을 오기도 한다. 대마도가 역사적으로 문화적으로 정체성을 의식하고 경제적으로 활력을 회복하기 위해 준비한 하나의 방법으로 여겨진다. 지금은 아리랑 마츠리가 이벤트로서의 성격이 강하지만, 100년이나 200년이 지난 후에는 대마도인들의 전통적인 마츠리 속에 낄 수 있을 지도 모르겠다.

지역경제로 거듭나기

지금 서울에는 일본의 현(縣)단위 지방자체단체의 사무소가 개설되어 있다. 대마도가 소속되어 있는 나가사키현이 광화문에 서울사무소를 개설한 것은 말할 것도 없다.

우루과이 라운드 협정으로 경제에 국경이 없어지면서 큐슈의 각 자치단체는 한국을 관광·금융·유통 등 투자를 위한 시장으로 여기고 있다. 아직 투자가 눈에 띄게 활발하지는 않지만 머지 않아 활발해지게 되면 사람들 사이의 접촉은 물론 물건들도 많이 오고갈 것이다. 경제블

부산과 대마도를 잇는 고속 훼리 '아오시오'[58]

력이 형성될 경우 경제적으로나 문화적·인종적으로 있을 교류는 상호 이해와 더불어 각종 마찰도 예상된다. 원활한 교류를 위한 사전 준비로 최근 한국과 일본 지방단체들은 직원들이 서로 교류하면서 상대 지역의 사정을 이해할 수 있는 길을 터 놓았다.

얼마전까지 대마도 이즈하라쵸의 '야쿠바役場' (町사무소와 같은 곳)에는 부산직할시 공무원이 파견되어 한국어를 가르치면서 일본 사정을 익히고 있고, 부산에는 대마도 카미츠시마쵸上對馬町 사무소 직원이 파견되어 서로의 공감대를 마련하고 있다. 현대판 '아메노모리 호슈'와 같은 사람이 하나 둘씩 생겨나고 있는 것은 언젠가 대마도를 찾는 사람들의 발길이 많아지고 교류가 활발해져서 한국과 대마도가 하나의 경제권으로 묶여질 경우, 문화적이건 다른 무엇이 되었건 서로간에 느낄 충격을 조금이라도 줄여보기 위한 것이리라.

한국과 대마도를 잇기 위한 노력은 지금도 계속되고 있다. 지금도 직항로가 없는 것은 아니나, 부산에서 히타카츠比田勝까지 운항하는 '아오시오'라는 배(고속 페리)도 있고, 1999년부터 부산에서 대마도의 중심지인 이즈하라까지 직접 들어가는 고속 페리도 생겼다. 그렇지만 매일 있는 것이 아니고 일단 정원이 차야 출항하며, 또 부산지역에 사는 사람이 아니면 부산까지 내려가야 한다는 번거로움 때문에 항공편을 이용하는 사람이 많다. 이 경우 큐슈 후쿠오카라는 우회 항로를 이용해야 한다는 것이 대마도 방문을 꺼리게 하는 이유 중의 하나이다. 이를 해결하기 위해 최근 대마도는 한국과 대마도를 잇는 직항로 개설을 모색하고 있다. 1996년 2월 대마도를 방문했을 때, 우연히 카미츠시마쵸의 '쵸쵸町長'와 한국 삼성 직원들이 핼리콥터의 승강 장소를 물색하고 있는 것을 보았다. 언젠가는 한국과 대마도 북부(카미츠시마)를 직접 왕래하는 헬리콥터가 생길 것이다. 그러나 정기적으로 운항하기 위해서는 운항 실적이 필요할 뿐 아니라 '대마도 출입국 관리소' 개설이라는 문제가 남아 있다.

1997년 11월에는 이즈하라가 마침내 국제항으로 승격되었다. 젊어지려는 대마도의 노력이 이루어지기를 기대하는 마음이다.

4 한반도인들은 대마도를 한국땅으로 생각했을까?

고대, 민간교류와 대마도에 대한 인식

고려의 관직을 받은 대마도인과 대마도 영유의식

세종대 대마도 토벌과 속주화 시도

임란이후 대마도의 경제적 의존과 번병의식

근대 이후 번병의식의 쇠퇴

실지 회복에 대한 향수와 대마도 고토의식

일본인들 역시 고대 이래 대마도가 한반도에 대한 일본 외교와
국방의 최전선이었다고 하면서도 대마도를 일본의 혼슈와는
다른 곳이라 구별을 하고 있다. 대마도가 이렇게 양국 모두에게
'이국' 내지 '변경' 취급을 당하는 것은 왜일까?
이는 대마도가 가지고 있는 지리·지형적인 이유만으로는
설명되지 않는다. 역사적으로 한반도의 역대 정권과 맺고 있었던
정치·경제적인 관계에서 해답의 실마리를 찾을 수 있다.

대마도는 위치상으로는 한국과 가깝게 있다. 그렇지만 역사적으로 보았을 때 대마도가 한반도에 존재하였던 어느 국가에 영토적으로 영속되어 행정적으로 지배를 받았던 적은 한 번도 없다. 대마도의 실력자가 한반도의 실력자에게 충성을 약속한 서약서가 있는 것도 아니며, 세금을 바친 적도 없고 더군다나 한반도에서 파견된 관리가 상주한 적이 없기 때문이다.

대마도가 한국 땅이 아니었다는 사실은 굳이 일본이 '대마도는 고대 이래 야마토大和조정이라는 일본 통일정권의 지배에 들어가 대륙 통교의 거점 역할을 하였다'는 설명을 하지 않아도 대마도를 보면 짐작이 가는 부분이다. 경작지나 사람이 살만한 땅이 턱없이 부족하고, 해안의 침식작용으로 생긴 천연 요새와도 같이 생긴 나루(포구)가 셀 수도 없이 많아, 만약 한반도의 어느 정권이 대마도를 조선의 행정구역으로 편입시켰다고 하더라도 경제적인 이익을 기대하기도, 대마도에 대한 행정을 완전히 장악하는 것도 무척 어려웠을 것으로 보이기 때문이다. 그러나 딱 한 번 대마도가 조선의 영토로 될 뻔한 적은 있었다. 15세기 초반 세종 때 이종무 장군이 왜구 토벌을 위해 대마도 정벌을 단행했을 때 조선은 대마도를 경상도의 속주로 만들려고 하였다. 그러나 일본의 반대로 논의에 그치고 말았다.

그런데도 대부분의 한국 사람들은 대마도가 옛날에는 조선땅이었다고 생각하거나, 우리나라의 동쪽을 지키는 울타리였다고 여기고 있다. 그리고 일본의 입장에서도 일본 내지하고는 뭔가 다르다는 생각들을 가지고 있다.

일본인들 역시 고대 이래 대마도가 한반도에 대한 일본 외교와 국방의 최전선이었다고 하면서도 대마도를 일본의 내지와는 다른 곳이라 구별을 하고 있다. 대마도가 이렇게 양국 모두에게 '이국異國' 내지는 '변경' 취급을 당하는 것은 어떤 근거가 있는 것일까? 이는 대마도가 가지고 있는 지리·지형적인 이유만으로는 설명되지 않는다. 역사적으로 한반도의 역대 정권과 맺고 있었던 정치·경제적인 관계에서 해답의 실마리를 찾을 수 있을 것이라 생각된다.

고대, 민간교류와 대마도에 대한 인식

한일 양국의 기록에는 옛날 대마도가 한반도에 존재하였던 어느 국

가나 정치집단에 영토적으로 영속되어 있었던 것처럼 서술된 것들이
더러 있다.

『한단고기桓檀古記』 태백일사에는, "400년 당시 대마도에 고구려·백
제·신라 삼국의 분국이 있었다"는 기록이 있다. 어떤 이는 이를 바탕으
로 신라가 8세기까지 대마도를 지배하였으며, 대마도가 일본 영유로
돌아간 것은 8세기 이후라고 주장하기도 한다.

『삼국사기』 신라본기 실성왕조에는 "왕이 왜인들이 대마도에 영을
설치하고 병기와 군량을 저축하여 우리를 습격하려고 한다는 말을 듣
고, 그들이 움직이기 전에 우리가 먼저 정병을 뽑아 격파하자고 하였
다"라는 기록이 있다. 이것 역시 일본이 5세기에 이르러서야 비로소 대
마도에 군사시설을 마련할 수 있었으며, 그 이전에는 일본의 영향력이
그다지 미치지 않는 곳이었다고 풀이되기도 한다.

『타이슈헨넨랴쿠對州編年略』 범례『산가요약기』에는 "대마도는 고려
국의 목으로 옛날에는 신라 사람들이 살았는데, 개화천황대에 이 섬으
로부터 일본 본주로 습래해 왔다. 중애천황이 토요우라豊浦에서 대마도
를 거쳐 신라를 정벌함으로써 마침내 이 섬(대마도)을 얻었다"라는 기
록이 있다.

2~8세기까지 신라와 대마도의 정치적 관계를 나타내고 있는 이 기
록들을 액면 그대로 믿을 수는 없다. 그러나 8세기 이후 통일신라와 일
본간에 외교사절의 교류가 없어진 이후에도 교역과 관련된 통일신라

상인들이 일본을 왕래했으므로, 대마도에 신라적인 요소가 남아 있었을 가능성은 있다. 교역이나 교류 주체가 민간 상인쪽으로 바뀌게 되면서 대마도를 거쳐가는 통일신라의 상인들이 장·단기 체류하는 과정에서 인종적으로나 문화적인 면에서 신라적인 요소가 가미되었다고 여겨진다. 대마도에 대한 영유의식이 있다고 한다면, 이런 것들이 바탕이 되었으리라 생각된다.

고려의 관직을 받은 대마도인과 대마도 영유 의식

고려 역시 통일신라와 마찬가지로 일본의 막부 정권과 정식으로 통교하지는 않았다. 그러나 양국간에 국교는 없었지만, 대마도는 진봉선을 보내 고려 국왕에게 조공품을 바쳤다. 이에 고려는 1085(선종 2)년 이래 대마도주를 '대마도구당관對馬島勾當官'이라 불렀다. 구당관은 고려시대 변방 내지는 해상 교통의 요충지를 관장하는 행정 책임자들에게 붙인 관직명으로 대마도 이외에도 제주도와 이키도주를 구당관이라 불렀다. 고려는 이를 계기로 대마도를 속령 내지는 속주로 인식했을 가능성이 많으며, 특히 고려말 대마도주가 만호萬戶라는 고려의 무관직을 받음으로써 이러한 의식은 더욱 강화되지 않았을까 라고 생각된다.

세종대 대마도 토벌과 속주화 시도

한국 사람들이 대마도가 조선의 영토였다는 인식을 갖게 된 것은 직접적으로는 세종 때의 대마도 정벌이 계기가 되었다.

1419(세종 원년)년 이종무 장군의 대마도 정벌 이후 조선은 대마도주에게 문서를 보내 조선에 항복을 하거나 아니면 대마도의 무리를 모두 이끌고 일본으로 돌아갈 것을 요구하였다. 결국 대마도는 1420년 윤 1월 조선의 번병을 자처하며 속주가 될 것을 요청하였다. 이에 조선은 대마도를 경상도에 예속시키고 도주에게 도장(印信, 圖書)을 하사하였으며, 모든 보고는 경상도 관찰사를 통해서 하도록 하였다.

조선의 대마도 속주화 조치는 1년 3개월만에 철회되고 말았다. 막부측의 개입과 소오씨의 주군인 쇼니씨의 항의에 부딪혔기 때문이다. 그 결과 조선은 대마도를 영토적으로 복속시키는 대신 대마도주가 조선 국왕의 신하가 되어 변경을 지킨다는 명분과 정치적 복속관계에 만족하게 되었다. 조선 정부가 대마도를 정벌한 목적은 왜구 진압에 있었지 대마도를 영토적으로 지배하려고 했던 것은 아니었기 때문이다.

그러나 이 조치 이후 조선에는 대마도가 조선의 속주나 마찬가지라는 인식이 생기게 되었고, 국왕을 비롯하여 정부 관리 · 지식인에 이르기까지 확고하게 자리잡게 되었다. 이러한 생각은 대마도가 일본의 영토라는 현실을 부정하는 것은 아니지만, 오늘날까지도 계속해서 한국 사람 누구나가 가지고 있는 상당히 보편적인 생각으로 대마도를 되찾

「팔도총도八道總圖」(1530년), 『신증동국여지승람』 권1의 첫머리에 있는 조선전도[59]

아야 한다는 사고의 바탕이 되고 있다.

한편, 당시 대부분의 조선인들이 대마도에 대해 가지고 있었던 생각 중의 또 하나는 '대마도는 조선의 동쪽 울타리(번병)로서 신하로 부용 附庸해 왔기 때문에 조선에서 해마다 쌀·콩 등의 곡식과 면포를 주어 대마도 사람들을 먹여 살려 왔다'는 번병의식이었다.

대마도 정벌 이후 대마도를 영토적으로 지배할 수는 없었으나, 대마도는 정치적으로나 경제적으로 조선에 종속되게 되었다. 대마도주는 수도서인이 되어 조공무역을 했으며, 세사미두를 하사받았다. 조선은 대마도에게 경제적인 특혜를 주는 대신 조선의 울타리로서 왜구를 진압하고 통교자를 통제하는 역할을 맡겼다. 그리하여 대마도의 무역선에 대해서는 조공적 의례를 갖추도록 하는 대신, 대마도를 어르고 먹여 살린다는 '무육撫育'의 대상으로 여기게 되었다.

조선과 대마도의 이러한 정치·경제적인 이해관계 때문에 조선시대 사람들은 대마도를 일본 내지와는 다른 존재로 인식하였다. 1444(세종 26)년 이키 초무관 강권선이 "대마도는 일본 국왕의 명령이 미치지 못하는 곳이다"라고 했듯이, 신숙주도 『해동제국기』에서 대마도를 일본의 8도 66주와는 따로 기술하였다. 대마도가 일본과 다르다는 생각은 이미 일본에도 있었다. 토요토미 히데요시의 부하가 그린 「8도총도」라는 지도에는 대마도가 조선 영토로 표시되어 있는데, 이것 역시 조선과 대마도를 하나로 생각하고 있었던 것을 반영한 것이다.

임란이후 대마도의 경제적 의존과 번병의식

조선후기에 오면 대마도는 토쿠가와 막부 '쇼군'의 신하로 '다이묘'
가 되어 막번체제 속에 정치적으로 행정적으로 편입되지만, 조선에서
는 여전히 대마도를 조선의 울타리로 인식하고 있었다. 특히 이러한 인
식은 통신사행으로 일본을 방문하고 돌아와 대일정책 결정에 참여했
던 사람들이 더 강했다. 영조 때(1763년) 통신사의 정사로 일본에 갔던
조엄은 그의 『해사일기海槎日記』에 "조선의 옛 땅에 살면서 대대로 조선
의 도장(도서)을 받으며, 쌀과 목면으로 생활하니 곧 조선의 외복지이
다"라고 쓰고 있다. 이는 여전히 대마도가 조선의 속주이며 번국이라
는 인식을 반영한 것으로, 대마도의 경제가 조선에 크게 의존하고 있다
는 사실에 바탕을 둔 것이었다. 이러한 생각은 안정복·정약용 등과 같
은 실학자들도 마찬가지였다.

그리고 18세기(1765, 영조 41)에 제작된 〈여지도서輿地圖書〉와 19세기
(1822, 순조 22)에 편찬된 『경상도읍지』에는 대마도가 동래부 도서조에
수록되어 있다. 1857년 이후에 제작된 것으로 추측되는 〈해좌전도海左全
圖〉에는 대마도를 조선의 영토로 취급하면서, 1419년 이종무의 정벌이
후 우리 영토로 사용해 왔다고 하고 있다.

조선후기에 들어와서도 조선사람들이 대마도를 일본의 혼슈와는
다르게 인식하는 것은 변함이 없었다. 즉 조선과 일본의 변경으로 양국
사이에서 여러 가지 외교술을 구사하며 각종 기득권을 챙기는 대마도

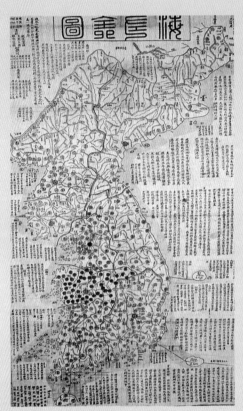

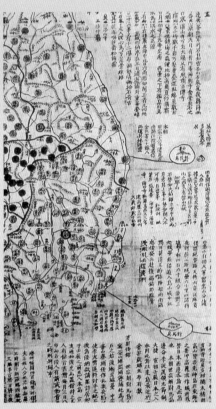

「해좌전도」, 1857년 이후 작성[60]

대마도가 경상도에 속해 있는 것으로 되어 있는
「해좌전도」의 경상도 부분[61]

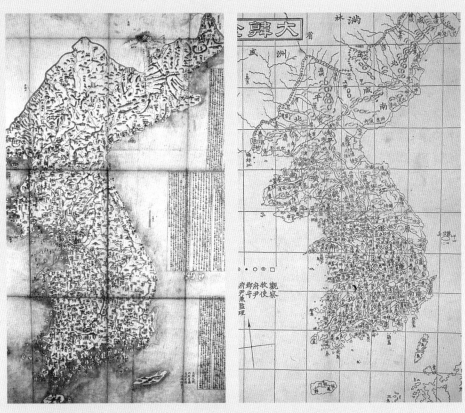

「조선전도」, 18세기 말[62]

「대한전도」, 1899년, 학부學部 편집국에서 발행한 것으로 경위선이 들어가 있다[63]

의 현실을 잘 알고 있었기 때문이었다. 그러나 조선 전기에 비한다면 영유의식은 약해진 것이었다.

근대 이후, 번병의식의 쇠퇴

일본에서 일어난 메이지 유신은 과거 조선 사람들이 가지고 있던 대마도에 대한 생각에 변화를 가져왔다. 1868년 메이지 신정부는 조선과 일본의 관계를 구막부시대와 같은 대마도를 통한 간접통교에서 벗어나 조선정부와 일본 외무성이 직접 통교하는 체제로 전환해가려 했다.

그러던 중 1871년 폐번치현을 계기로 대마번이 없어지고 이즈하라현이 개설되게 되면서 대마도에는 대마번주 대신 현의 지사가 파견되게 되었다. 이즈하라현은 1872년에는 나가사키현에 편입됨으로써, 대마도는 나가사키현 아래 하나의 지방행정단위가 되었다. 그리고 메이지 정부가 대마도 대조선외교의 최전선이었던 부산의 왜관을 불법으로 점거하여 외무성의 공관으로 삼아 버림에 따라 대마도는 완전히 조선 관계에서 손을 떼게 되었다.

뿐만 아니라 1876년 강화도 수호조약을 계기로 조선과 구막부간의 교린관계가 완전히 붕괴되어 버리자 조선이 대마도에 대해 가지고 있던 번병의식도 그 현실감을 잃게 되었으며, 이러한 의식을 나타내는 기록도 급격히 줄어들었다. 그러나 조선시대 말기에 그려진 지도에는 대마도가 여전히 조선영토로 기록되어 있어 현실성은 없었지만 의식의 바닥에는 여전히 번병의식이 남아 있었음을 알 수 있다.

이러한 대마도 번병의식은 일본 제국주의 침략에 의해 국토가 유린당하는 상황에서는 영토에 강한 집착을 가졌던 민족주의자들에 의해 회상의 대상이 되었다.

실지 회복에 대한 향수와 대마도 고토의식

오늘날에도 한국인의 대마도 고토의식은 잠재된 형태이지만 고구려와 발해의 고토인 만주에 대한 향수, 일제에 빼앗긴 간도에 대한 실지失地 회복의식과 함께 여전히 잠재되어 있다.

이승만 대통령이 대마도 영유권과 반환을 주장한 것이라든가, 또는 최근에 배타적 경제수역(EEZ)의 기점 설정을 둘러싸고, 일본이 독도를 일본 영토라 주장한다면 우리는 대마도를 우리 땅이라 되받아 칠수도 있다는 현대 한국인의 발상은 바로 이러한 전통적인 대마도인식을 바탕으로 한 것이라 할 수 있다.*

---

* 한반도인들이 대마도를 한국땅으로 생각했을까에 대해서는 하우봉의 「한국인의 대마도 인식」(『독도와 대마도』, 한일관계사 연구회, 지성의 샘, 1996)을 참고로 하였다.

5 국제성 짙은 역사의 섬, 대마도

이즈하라쵸嚴原町
미츠시마쵸美津島町
미네쵸峰町
토요타마쵸豊玉町
카미아가타쵸上縣町

대마도는 오랫 동안 한반도와 일본열도 사이에서
교류의 거점 역할을 했기 때문에 고대에서부터
근대에 이르기까지 이와 관련된 볼거리들이 참 많다.
조그만 섬에 시기적으로나 지역적으로 이렇게 국제성이 풍부한
볼거리가 있는 곳은 드물며, 유물·유적은 그야말로
대마도 역사의 축약이라고 할 수 있다.
대마도를 돌아보는 방법은 여러가지가 있다.
이 책에서는 이즈하라를 중심으로 북쪽으로 거슬러 올라가면서
한반도와도 관련이 있는 몇 곳을 소개해 보려고 한다.

이즈하라쵸

이즈하라

대마도의 중심지 이즈하라를 옛날에는 후쮸府中라 불렀다. 15세기 후반 대마도주 소오 사다쿠니가 대마도주의 본거지를 사카에서 이곳으로 옮기면서부터 중심이 되었으며, 토쿠가와 막부시대에는 대마도와 일본 중앙정권과의 관계가 더욱 긴밀해지면서 중심지로서 확고해지게 되었다. 이즈하라는 그다지 넓지 않으므로 특별히 탈 것이 필요 없다. 어디든지 걸어서 돌아다닐 수 있다.

나가사키현립 대마도 역사민속자료관

　어느 곳의 역사를 짧은 시간에 요약해서 알고 싶을 때는 우선 자료관이나 박물관부터 찾는 것이 순서일 것이다. 이즈하라에서 이런 문제를 해결할 수 있는 곳이 바로 나가사키현립 대마도 역사 민속자료관이다. 여기에는 고대이래 한반도와 일본열도 사이에서 문화 교류의 거점 역할을 하고 외교를 대행했던 대마도의 정치·외교적인 모습과 대마도를 생활 터전으로 삼아 농사짓고 어로활동을 했던 대마도인의 일상을

대마도의 소오케宗家 문서[64]

알 수 있는 각종 자료가 전시·보관되어 있다.

고고학적인 자료로는, 대마도 북부(카미아가타쵸 코사타카上縣町 越高유적)에서 출토된 융기문 토기가 죠오몬시대 한반도에서 전래된 가장 오래된 토기로 알려져 있으며, 미츠시마쵸 케치美津島町 鶴知의 야요이 유적에서 출토된 한반도계의 '무늬없는 토기'도 이곳에 있다.

중세와 근세에 걸쳐서는 주로 '고문서'나 '고기록'이 주류를 이루고 있다. 한반도에서 전래된 불상·경전·청자를 비롯하여, 에도시대 자료로는 '통신사 행렬'이나 '통신사 접대'에 관한 그림도 있다. 특히 소오 씨는 임진왜란 이후 막부 말기까지 260년간에 걸쳐 막부의 대조선외교를 대행해 왔던 만큼, 이와 관련된 방대한 양의 '종가문고사료宗家文庫史料'가 전하고 있다. 메이지 유신 이후 근대화해가는 대마도의 모습 및 서민들의 생활을 알 수 있는 농구나 실을 뽑는 기구, 어구 등도 전시되어 있다.

이 자료관에서 꼭 눈여겨 보아야 할 자료로는 현관에 들어서자 마자 오른쪽 벽에 걸려 있는 검푸른 풍경화이다. 덕혜옹주의 남편이기도 했던 소오 타케유키 백작이 대마도의 상징이라 할 수 있는 아소완 풍경을 그린 것이다. 자료관은 매주 월요일과 연말연시 이외에는 연중 무료로 이용할 수 있다.

반쇼인

역사민속자료관에서 200미터도 채 안되는 곳에 있는 반쇼인萬松院은 제19대 대마도주 소오 요시토시(제1대번주)를 비롯하여 역대 대마도주와 그 가족이 묻혀 있는 묘역이다.

소오 요시토시는 1615년 48세로 사망하였다. 사망 당시 번주의 거성이었던 킨세키 야카타金石屋形의 서쪽에 있는 시미즈야마淸水山 봉우리에 묻혔다가 1647년 이후 현재의 기슭으로 내려왔는데, 묘소 아래에 보다이지*菩提寺를 짓고 그가 죽은 후 붙여진 불교식 이름을 따서 '반쇼인'이

역대 대마도주의 묘역, 반쇼인萬松院[65]

라 했다. 몇 백년씩 된 삼나무숲 속에 있는 이 묘역은 123개나 되는 돌
계단을 올라가야 볼 수 있으며, 그 규모와 경관 면에서 일본 삼대 묘역
의 하나로 꼽히고 있다.

　대마도 소오씨의 보다이지인 이 반쇼오인의 창건과 유지에 드는 비
용은 임진왜란 이후부터 19세기 중엽까지 조선이 부담하였다고 한다.
소오 요시토시는 왜란 이전에는 토요토미 히데요시로부터 정명가도

묘역으로 올라가는 반쇼인 계단[66]

[*] 보다이지 선조 대대의 묘소와 위패를 모신 절

교섭을 지시받아 조선에 일본국사로 온 적이 있으며, 임진왜란·정유재란 때는 일본군의 길 안내를 맡았었고 또 전쟁에 직접 참여했다. 그러나 전쟁이 끝난 후에는 조선과 일본의 국교 재개를 위한 교섭을 하였다. 조선은 그의 공로를 인정하여 사후 '반쇼인소시萬松院送使'의 파견을 허락하였으며, 대마도는 1625년부터 조선으로부터 받은 쌀·목면 등을 반쇼인의 유지 경비에 충당하였다.

반쇼인의 묘역을 돌다 보면, 묘비가 유난히 크고 화려한 것도 있는가 하면 번주의 묘라 해도 아주 초라한 것도 있어서 역대 번주의 묘비 규모와 위용이 저마다 각각 다르다. 묘역 입구쪽에 자리잡은 소오 요시토시의 묘비는 왜란 이후 다시 국교가 재개될 때까지 조선과 일본 사이에서 그가 해온 역할이나 차지하고 있는 비중에 비하면 초라한 편이다. 대마도 역사 안에서 본다면 소오 요시토시가 도주로 있던 시기가 대내외적으로 가장 어려운 시기라고 할 수 있는데, 전쟁에서 화해할 때까지 조선과 일본

소오 요시토시의 무덤[67]

사이에서 대마도의 정치적 입장을 정립하기도 힘들었으며, 종전 후 조선이 대마도와의 교역을 단절해버렸기 때문에 조선과는 거의 십 년 이상 물자의 교류가 없어 경제적으로도 어려웠다. 경제적 궁핍은 이미 전쟁때부터 시작되었으므로 거의 이십 년 가까이 경제적 궁핍 속에서 대마도를 지켜왔다고도 볼 수 있다. 그런 만큼, 화려한 외교적 공로와 변신에도 불구하고 소오 요시토시의 묘비는 초라하기 그지없는데 대마도가 처한 시대적인 어려움을 반영하는 것 같다. 이에 비해 바로 옆 소오 요시자네의 묘비는 상대적으로 아주 크고 화려하다. 국교 회복 이후 무역의 재개로 윤택해진 대마번의 살림살이를 반영하는 것이었다. 조선과의 무역 이윤이 번 재정의 큰 부분을 차지한 대마도는 조선과의 무역에서 흑자를 본 소오 요시자네의 묘는 어느 것보다도 훌륭하지만 막부 말기 조선과의 무역이 쇠퇴하여 별로 흑자를 보지 못하던 시절의 번주묘는 초라하다.

한편, 반쇼인에는 사찰로서 번주의 사망시 조선국왕에게서 하사받은 삼구족三具足(제례용)이 있으며, 소오씨의 위패와 더불어 별실에 토쿠가와 역대 장군의 위패 및 토쿠가와 이에야스의 화상이 있다. 이것은 조선에서 통신사를 초빙할 때 의례를 치르기 위한 것이었다.

시미즈야마성

역사민속자료관의 뒤쪽으로 시미즈야마 정상 206미터를 향해 40분 정도만 올라가면 시내에서 쳐내버린 나뭇가지 사이로 어렴풋이 보이던 돌담이 바로 눈앞에 보인다. 임진왜란 때 조선 침략을 위한 기지로

시미즈 야마죠,[68a] 이즈하라 시내에서 바라다 본 시미즈 야마죠오[68b]

1591년 토요토미 히데요시의 명에 따라 모리 타카마사毛利高政가 축성했다고 전해지는 이 산성은 조선 침략 본부인 히젠 나고야성肥前 名護屋城으로부터 이키의 카츠모토성勝本城, 대마도의 시미즈야마성, 부산 왜성을 잇는 역성驛城의 하나로 지어졌다. 군데군데 많이 훼손되었지만 정상에서부터 시작하여 '이치노마루一丸', '니노마루二丸', '산노마루三丸'에 이르기까지 돌담이 남아 있다. 일본정부가 특별사적으로 지정하고 있으며, 이곳에서 한눈에 내려다 보는 이즈하라 항구의 모습도 일품이다.

1811년 당시 사가번의 쿠사바 하이센이 그린 후쭈(현재 이즈하라)[69]

시미즈 야마에서 내려다 본 이즈하라 항구[70]

대마번주의 거성 킨세키죠

역사민속자료관 바로 옆에 있는 카네이시金石의 킨세키죠金石城 터에
는 현재 150미터 정도의 성벽과 성문만이 남아 있다. 1659년 이즈하라
에 있었던 큰 불로 성이 불타 없어진 이래 대마번주가 거처하고 집무하
던 거성의 규모와 모습은 알 수가 없다. 원래 킨세키죠에는 번주가 거
처하던 천수각은 없었다고 하며, 지금 남아있는 성벽은 대마도만의 독
특한 석공 기법을 엿볼 수 있는 귀한 문화재라 한다.

킨세키죠 성터[71]

후쮸죠

후쮸죠府中城는 코오케바라國府界平 언덕에 있는 역대 대마번주의 성으로 1660년에 짓기 시작해서 완공하기까지 18년이나 걸렸다.

1659년 겨울 이즈하라에는 일찍기 보지 못했던 큰 화재가 있었다. 이 불로 카네이시金石에 있던 대마번주의 성과 함께 이즈하라의 집 1,071채도 불에 타 없어져, 막부에서 이의 구제를 위해 쌀을 십만 석이나 지급할 정도였다. 이듬해에는 막부로부터 사지키바라에 번주성과

조선의 통신사가 통과했다고 하는 코라이몬[72]

새로운 도시계획에 따라 도시를 새로 단장하라는 지시가 있었다. 이 명령이 떨어진 17세기 중반은 마침 대마도가 조선과의 무역으로 에도시대를 통틀어 가장 큰 흑자를 보던 때로 대마번의 재정이 아주 윤택한 편이었다. 그래서 배가 들어오는 서쪽 선착장에서부터 성문까지 직통으로 큰 도로를 뚫어 말을 타고 훈련할 수 있도록 했다. '바바스지馬場筋'라 불리우는 이 도로를 중심으로 가로 세로로 여러 개의 도로를 만들

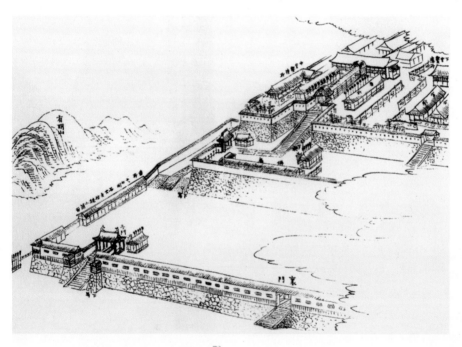

1811년 당시 대마번주의 후쮸죠[73]

고 하천을 개수해서 다리를 놓고, 돌담으로 된 울타리를 친 집들이 들어서게 되었다.

에도시대 번주의 성은 보통 외적의 침입에 대비하기 위해 성문으로 이르는 도로를 '十자로'가 아닌 'T자로'의 미로처럼 만들었다. 후쮸죠를 신축할 때 선착장에서 성문까지의 도로를 큰 폭의 직선으로 아주 개방적으로 뚫은 것은 다른 곳에서는 보기 드문 모습으로 특수한 목적이

지금은 돌담만 남아 있는 후쮸죠[74]

있었기 때문이었다. 대마번이 조선 통신사를 맞이하는 특수한 임무를 맡고 있었기 때문에 도시계획(마치즈쿠리) 자체도 조선에서 온 통신사를 맞이하기 위해 외교에 걸맞게 계획되었던 것이다.

사지키바라성은 건축 당시 번주였던 소오 요시자네 이래 열세 명의 번주의 거처였으며, 메이지 유신 이후에는 이즈하라성으로 불리다가 1878년 쿠마모토 친다이 쯔시마 분견대熊本鎭台對馬分遣隊가 배치되었다. 이후 일본 육군 건조물이 세워졌으며 현재는 육상 자위대 대마도 분견대가 있다.

지금 사지키바라성 자체는 남아 있지 않다. 성벽 돌담만이 남아있을 뿐이며, 통신사나 역관사 일행이 대마도주를 방문할 때 통과했던 고려문은 역사민속자료관 쪽으로 옮겼다. 현재 이즈하라의 도시 골격은 이때 만들어진 것이다. 이즈하라 지명 가운데 '이마야시키今屋敷'라는 이름은 지금 막 세워진 집이라는 뜻으로 17세기에 조성된 신시가지를 일컫는 것이었다.

이마야시키의 방화벽

이즈하라의 좁은 골목에는 일반 주택의 담장으로 보기는 곤란할 정도로 유난히 두꺼운 검은 돌담들이 남아 있다. '방화벽放火壁'이라 불리우는 이 담은 화재가 옆집으로 옮겨 붙는 것을 막기 위한 것이었다. 에도시대 이즈하라에는 대마번주의 가신들이 자신들의 집을 갖고 있었으며, 처마와 처마가 붙어 있을 정도로 근접해 있었다. 더군다나 목조 건물이었기 때문에 이런 집들은 한 번 화재가 나서 바람이라도 불면 연쇄 화재라는 대형사고로 이어졌다. 1659년 대화재 때에는 이즈하라에 있던 1,000여 호 이상이 불타 없어졌으며, 19세기에도 대형화재가 있었다. 1841년에는 화재 대비책으로 방화벽을 만들기에 이르렀으며,

1732년 후쮸의 대화재에 대한 기록[75]

1844년 정월에 세워진 방화벽은 축조 날짜까지 새겨져 있어 당시의 상황을 알 수 있다. 이 방화벽은 일본 전국에서도 보기 드문 것으로 나가사키현 문화재로 지정되어 있다.

방화벽[76]

부케야시키

　이즈하라 항구쪽에서 시내를 관통하는 큰 길 '바바스지馬場筋'를 따라 오른쪽으로 높은 돌담에 둘러싸인 집들이 있다. 돌담이 처마 끝까지 올라간 이 집들은 옛날 후쮸府中에 집을 가지고 있던 대마번주 가신들의 집으로, 담을 높게 쌓은 것은 대마도를 찾은 조선의 외교사행들이 자신들의 사생활을 들여다보지 못하게 하기 위한 것이라 한다. 이러한 무사

대마번 무사들의 집[77]

의 집이나 돌담은 이즈하라 시내 군데군데 남아 있지만, 원형 그대로 보존되어 있지 않은 곳도 눈에 띈다. 자연 붕괴도 있겠지만, 편리한 생활을 추구하고 자동차 없이 살 수 없는 현대인이 주택 개조나 주차장 시설을 갖추기 위해 자꾸 헐어내고 있기 때문이다.

세잔지

 이즈하라 항구의 모습이 한눈에 내려다보이는 고우다케國府嶽의 언덕 기슭에 자리잡은 세잔지西山寺는 아주 작은 사찰이다. 9세기 이전에 세워진 오래된 사찰로 조선과는 여러 가지로 인연이 깊다. 세잔지는 1512년 제10대 대마도주 소오 사다쿠니宗貞國의 부인이 사망한 후 그녀의 보다이지가 됨에 따라 불교식 이름을 따서 이후 세잔지라 불린다.

 세잔지는 이즈하라 포구의 동향이 한눈에 들어온다는 입지적인 조

세잔지에는 에도시대 막부의 감찰기관이라 할 수 있는 이테이앙이 있었다. 통신사의 대마도 체류중에는 숙소로도 이용되었으며, 요즘도 유스호스텔로 이용되고 있다.[78]

건 때문인지 에도시대에는 이 사찰에 토쿠가와 막부의 감찰기관이라
고도 할 수 있는 이테이앙以酊庵이 있었다. 이테이앙은 임제종臨濟宗 승려
인 겐소가 1611년 대마도에 마련한 선원禪院으로, 국서개작사건 이후
대마도의 요청에 따라 외교문서 작성 및 위조를 감찰하기 위해 막부가
쿄토 고산五山의 승려를 교대로 파견하던 곳이었다.

　1636년 이후 이테이앙이 이 기능을 갖게 되자, 세잔지는 이테이앙에
사찰을 비워주고 다른 곳으로 옮겨갔다. 따라서 막부 명으로 이테이앙

세잔지 입구[79]

이 폐지되는 1866년까지 세잔지에 이테이앙이 있었다.

　세잔지의 볼거리로는 이테이앙의 개조開祖이면서 외교승으로 활약했던 겐소玄蘇와 겐뽀玄方의 목상이 있다. 그리고 초량 왜관 안의 토코지東向寺에 안치되어 대마도인들의 객지 생활을 위로했던 자그마한 석가여래상도 이곳에 있다.

세잔지 안의 볼거리

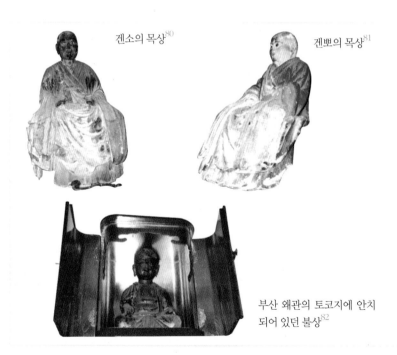

겐소의 목상[80]

겐뽀의 목상[81]

부산 왜관의 토코지에 안치
되어 있던 불상[82]

죠오주인의 아메노모리 호슈 묘

죠오주인長壽院에는 에도시대 조선을 가장 잘 이해했다는 평을 듣고 있는 '조선통' 아메노모리 호슈와 그 가족묘가 있다. 호슈는 유학자로 대마도 출신은 아니지만 이십대에 대마번에 취직하여 죽을 때까지 여러 직책을 두루 거치면서 대마번이 조선과 통교·무역을 하는데 있어서 많은 아이디어를 낸 브레인이었다. 호슈는 조선과의 교제에서 '서로 다투지 않고 속이지 말 것'을 기본으로 삼았는데, 하루 아침에 이런 생각을 갖게 된 것은 아니었다. 오랜 동안의 실무 경험과 조선에서의 체험, 그리고 현덕윤玄德潤 등 조선역관과의 교제가 바탕이 되었다.

지금 호슈의 묘역은 명성에 비해 초라하지만, 꼭 한번쯤은 들려봐야 할 곳이다.

아메노모리 호슈의 묘역[83]

후나에아토

후나에아토船江跡는 에도시대 대마번주의 선박을 격납하기 위해 쌓은 제방과 같은 시설을 말한다. 에도시대 바닷가에 자리잡은 번藩들은 대개 번이 가지고 있는 선박을 격납하는 시설을 갖고 있었다. 부산 왜관과 에도를 오고가야 하는 대마번도 이러한 시설을 가지고 있다. 1663(소오 요시자네 때 축조)년 이즈하라항 남쪽 쿠타가와久田川 하구에 인공적으로 구축한 격납시설은 네 개의 돌제突堤(방죽)와 다섯 개의 선거船渠(큰배)가 남아 있다. 당시의 원형을 그대로 보존하고 있지만, 오랜 시간이 지나는 동안 흙이 퇴적되어 바닥이 높아졌다. 현 지정 사적으로 지정되어 있다.

대마번주 전용의 선박을 격납했던 후나에아토[84]

이시야네(시이네)

　대마도 남부의 서안 시이네椎根라는 곳에는 판자 모양으로 된 돌로 지붕을 얹은 독특한 모양의 창고가 있다. 대마도 도처에서 발견할 수 있는 창고와 마찬가지로 거주하는 집과 떨어진 곳에 세워진 이 창고에는 쌀이나 보리 등의 잡곡, 의류·침구·가재도구 등을 넣어 보관했다. 화재시 식량이나 귀중품을 보호하기 위해서였으며, 대마도 서안이 바람

두꺼운 돌로 지붕을 얹은 이시야네石屋根[85]

이 센 지역인 만큼 강풍으로 인한 파괴를 막기 위한 의도도 있었다. 그러나 진짜 이유는 에도시대 농민들에게는 기와지붕을 얹는 것이 허용되지 않았기 때문이다. 현 지정문화재이다.

이시야네 창고[86]

몽고 침입과 소오 스케구니의 무덤 (사스우라)

1274년과 1281년 고려·몽고연합군이 침입했을 때 가장 먼저 피해를 입은 곳은 대마도의 서안에 위치한 사스우라佐須浦였다. 현재 싸움이 있었던 곳이 어디였는지는 확실치 않지만 코모다小茂田 해변에 상륙한 여몽연합군과 맞서 싸우다가 당시 대마도주 소오 스케구니가 전사했다. 그의 시체는 몸(동총胴塚)과 머리(수총首塚)가 따로따로 묻혀 있다.

소오 스케구니의 몸체를 매장한 무덤[87]

소오 스케구니의 머리를 매장한 무덤[88]

몽고군 상륙지, 사스우라(현 코모다 해변)[89]

미츠시마쵸美津島町

카네다죠(죠오야마)

　카네다죠金田城는 아소완의 죠오야마城山 절벽(표고 275미터)에 세워진 백제식 산성이다. 667년에 세워진 이 산성은 일본이 백제의 원군 요청에 따라 백촌강의 전투에 원군을 보냈다가 패한 후 나당연합군의 일본 침략을 두려워하여 쌓은 산성이며, 백제 유민이 쌓았을 것으로 추측되고 있다. 이곳에 오르면 대마도의 발달된 리아스식 해안이 한눈에 들어오며, 큐슈와의 중간 지점에 있는 이키섬도 보인다. 일본 정부가 특별 사적으로 보호하고 있다.

백제식 산성인 카네다죠[90]

오사키우라

대마도에는 천연의 요새와 같이 생긴 포구가 많이 있지만, 그 중에서도 대마도의 서쪽 아소완 입구에 자리잡은 오사키우라尾崎浦는 조선과 인연이 아주 깊다.

침식이 심해 육지 깊숙이 패어들어간 이 포구는 마치 산으로 둘러싸인 호수같아서, 툭 터진 바다 저편 세계를 바라보고 싶다는 마음을 가졌다면 단념하는 것이 좋다. 포구는 해안을 따라 형성된 어촌을 포근히 감싸안고 있으며, 규모가 크고 산이 방파제 역할을 하여 포구 안쪽으로는 파도도 없다. 배가 들락날락하고 정박하기에 편리할 뿐 아니라 배를 숨기기에도 좋은 여건을 형성하고 있어, 한눈에 옛날부터 해적의 근거지로 이용되었음을 쉽게 짐작할 수 있다. 이곳에 살던 소다早田씨는 그 대표적인 예로 이곳을 본거지로 해적 활동도 했으며, 조선·류큐(오키나와)와도 교역을 했다. 조선 역시 이곳을 왜구의 소굴로 알고 있었기 때문에 이종무 장군이 대마도를 토벌했을 때에도 가장 먼저 피해를 입었다.

오사키에는 지금도 소다씨의 후예가 살고 있으며, 대문 앞에는 옛날의 위세를 자랑하듯 문장이 새겨져 있다.

아소완의 소다가家, 조선초기 왜구로 활동했던 소다씨 집안은 왜구토벌 이후 조선의 수직왜인이 되어 평화적인 통교자가 되었다.[91]

이모자키의 무라마츠 야스고로와 요시노 카즈노스케의 비

대마도는 지리적인 위치에서인지 조선뿐만 아니라 러시아와 관련된 곳도 더러 있다. 아소완의 이모자키가 좋은 예이다. 러시아는 19세기 중엽 남진을 추진하는 과정에서 대마도를 전략상 중요한 위치로 인식하여 일본에 대마도의 개항을 요구하였다. 1861년 2월 아소완에 들어온 러시아 군함 포사드닉호는 배의 수리를 요구한다는 명분을 내세워 오사키에 정박하였다. 대마도는 이들의 요구를 수용하여 선박을 수리해 주고 먹을 것도 주었으나, 러시아 선박은 수리가 끝난 후에도 철수하지 않고 이모자키에 상륙하여 임시 주택과 샘을 파는 등 장기 체류할 낌새를 보였다. 그러는 한편 아소완의 세토瀬戸에 정박해서는 마음대로 대마도를 돌아다니고, 토지의 조차*를 신청하였으며, 오부나코시大船越에 이르러 대마번의 제지에도 불구하고 통과하려 했다. 이에 대마도 주민 무라마츠 야스고로松村安五郎가 러시아 배에 땔나무를 집어던지고 통행을 금지하려 하자, 러시아 사관이 권총을 쏘는 바람에 무라마츠가 즉사하고 말았다. 또 번의 무사인 요시노 카즈노스케吉野數之助도 부상을 입고 붙잡혀 갔다가 돌아왔으나 얼마되지 않아 사망한 사건이 있었다.

러시아 배가 대마도에 들어왔을 때, 대마도 주민들 모두가 다 이들과 같이 러시아를 경계한 것은 아니었다. 외국배를 신기하게 여긴 대마

* 조약에 의해 타국으로부터 유상 또는 무상으로 영토를 차용하는 행위

도 주민들 가운데는 러시아 배를 드나들며 먹을 것을 팔기도 하고 제법 상행위도 있었던 모양이다. 이 사건은 러시아와의 접촉 과정에서 생긴 아주 조그마한 문제일지 모른다. 그러나 아소완의 세토에는 무라마츠와 요시노의 죽음을 기리는 비가 있다. 무라마츠의 비는 1893(명치 26)년에, 그리고 요시노의 비는 1908(명치 41)년에 세워졌는데, 비문에는 '충렬忠烈', '의열義烈'이라는 문구가 새겨져 있다. 이들의 죽음은 외세에 대항한 충절로 받아들여 1869년에는 야스쿠니신사에 모셔졌다.

이 비를 보면서 생각되는 것은 순국의 진위 여부를 떠나 19세기 서구 세력의 동점이라는 국제정세의 변화가 대마도를 그냥 비켜가지는 않았구나 하는 생각과 함께, 러일전쟁 이후 이 외딴 섬에까지 소위 충혼비가 세워졌다는 점에서 메이지 정부는 이들의 죽음을 '애국'·'충절'로 치켜올려 무엇을 얻으려 했을까 하는 생각이 든다.

후나코시

  대마도 지명 가운데는 '후나코시船越'라고 하여 '배를 끌어서 육지를 넘어갔다'는 재미있는 지명이 있다. 리아스식 해안이 발달되어 있는 히가시아소東淺海(미우라완三浦灣) 북부에 있는 코부나코시는 육지의 횡단 폭이 아주 좁아, 육지의 동쪽 끝과 서쪽 끝이 약 178미터 밖에 되지 않는다. 그래서 옛날 일본이 수나라나 당나라, 또는 신라로 사신을 파견할 때 사행 일행은 일단 일본배를 타고 동쪽의 후나코시까지 와서 여기에서 내린 다음, 언덕을 넘어 반대편에 준비되어 있던 신라 배를 타고 대륙으로 갔다고 한다. 어쨌든 대마도의 동쪽에서 서쪽으로 넘어가기에는 최단 거리였으므로 많은 배들이 이곳으로 모여 들었다. 특히 1436년에는 대마도주 소오 사다모리의 요청에 따라 조선은 일본에서 대마도로 가는 모든 배로 하여금 대마도주의 도항증명서를 받아오도록 하였는데, 이 문인 발급업무를 후나코시의 바이린지梅林寺에서 치르게 됨에 따라 여러 무역선이 후나코시에 모여들어 번성하였다.

  조선전기 세종 때 이종무가 대마도를 토벌할 당시 오사키에 이어 후나코시가 두번째의 공격 목표였다. 교통의 요지이면서 당시 해적의 두목들이 살고 있던 곳이었기 때문이다. 『조선왕조실록』에 보이는 '후나코시 사에몬타로舟越左衛門太郎', '후나코시 겐자부로舟越源三郎' 등은 이곳 출신으로 보인다.

그러나 1672년 오오부나코시의 세토에 운하가 생겨 이쪽이 교통의 중심이 되면서부터는 후나코시를 통과하는 노선은 점차 쇠퇴하게 되었다.

후나코시[92]

만제키

아소완의 오오부나코시大船越 역시 해안 침식이 심해 육지의 폭이 아주 좁은 곳이다. 그러나 현재의 오오부나코시는 좁은 해협을 파내 운하를 만들었기 때문에 대마도가 남섬과 북섬으로 나눠지게 되었다. 오오부나코시 해협을 파내고 운하를 만드는 대규모 토목공사는 이미 325년 전인 1672년에 있었다. 그리고 만제키 운하의 개통으로 대마도의 동안과 서안을 잇는 해로가 개설됨으로써 대마도 안의 통운이 대단히

새로 생긴 만제키바시로 길이 82미터, 높이 28미터, 아치형의 철교[93]

편리해지게 되었다. 이 공사로 대마도 서쪽에 있는 촌에서 거두어 들이는 공조貢租를 동쪽의 이즈하라로 옮기는 것이 편리해졌으며, 조선으로 가는 사선이 이곳을 통과해 가는 경우도 있었다. 지금도 일본으로 가는 한국 배가 바람을 피해 이곳을 통과한다고 한다.

1900년에는 육로의 개통을 위해 좁은 해협을 연결하는 다리를 만들었는데 지금은 교통량이 늘어남에 따라 다리가 세 개가 되었다.

만제키万關로 불리는 이 공사로 대마도는 남북으로 길게 하나로 붙어 있던 섬이 북섬과 남섬 두 개의 섬으로 나누어졌다.[94]

미네쵸峰町

사카의 엔츠지

사카는 대마도 동쪽 해안의 중심 항구였다. 소오씨는 일족인 니이仁位씨부터 도주권을 빼앗은 후 이곳을 거점으로 삼아, '소오 사다시게-소오 사다모리-소오 시게모토宗成職'의 삼대에 걸쳐 도내를 통치하였다. 제 10대 도주 소오 사다쿠니가 중심지를 남쪽의 이즈하라로 옮기기 전까지는 15세기까지만 해도 이곳이 대마도의 중심이었다. 때문에 지금은 남아 있지 않지만, 도주의 거처를 비롯하여 집무를 위한 건물과, 대마도주 가신들의 거처, 문인을 발행받기 위한 관청도 이곳에 있었다. 번성기의 사카는 호구수가 오백여 호로 오사키·미네에 이어 세번째로 사람이 많은 곳이었다.

엔츠지의 종루에 있는 범종[95]

엔츠지圓通寺는 소오 사다모리의 보다이

지菩提寺로 대마도주 거처가 있던 카메노우치龜內의 동쪽에 있다. 엔츠지의 본존불상은 구리로 된 약사상藥師像으로 고려불의 수작이다.

　엔츠지의 종루에 걸려 있는 범종 역시 조선초기의 것으로 대마도주가 사카에 있을 무렵 조선에 청구했던 것으로 알려져 있으며, 일본의 중요문화재로 지정되었다.

엔츠지 경내의 대나무숲에는 대마도주 소오씨의 무덤이 있다[96]

카미아가타쵸

사스나우라의 세키쇼 터

대마도 북서부에 있는 사스나우라佐須奈浦 역시 조선과 관계가 깊다. 1672년 부터 일본이 메이지 유신을 단행하여 외무성이 외교권을 접수하기 전까지 일본의 출입국관리 사무소격인 세키쇼는 여기에 있었다. 세키쇼에서 하는 일은 예나 지금이나 별로 다르지 않았다. 부산 왜관과 대마도를 왕래하는 모든 배는 일단 이곳에서 출입국 심사를 받아야 했다. 도항증명서(서계나 문인)의 소지 여부와 확인, 그리고 당시 조선과 일본 사이에 해외 반출이 금지되어 있던 물건의 검색이 이곳에서 이루어졌다. 일본측 물건은 무기와 은, 조선측 물건은 인삼과 도자기 등이 었는데, 이의 반출 여부를 조사하기 위해 여행자의 몸과 짐 검사는 물론 배까지 검사하였다.

당시 이 검사를 치루었던 세키쇼 건물은 바로 해안가에 인접해 있었기 때문에 검사의 편의를 도모할 수 있었다. 그러나 지금은 사라지고 없으며 우물터만이 남아 있다.

전하는 말에 의하면 바다를 메워 육지를 만들었기 때문이라 하며, 해안가에서 예전의 세키쇼까지는 상당한 거리가 있다. 이곳은 특별히 사적지로 정해진 곳이 아니라 표지판이나 안내문은 아예 없다. 평소에 세키쇼에 관심이 있었던 터라 현지인의 안내로 어렵게 찾아간 곳이다.

조선과 일본의 양국 외교와 관련이 있었던 대마도 안의 명소를 여러 군데 둘러보았다. 대마도는 좁은 섬임에도 불구하고 오래전부터 사람이 살았기 때문에, 이 곳에 약 8,000년전의 토기부터 불상이나 범종·불

남겨진 우물터[97]

경·문헌 등의 유형문화재는 말할 것도 없고, 의·식·주에 관한 무형의 문화유산에 이르기까지 참으로 다양한 문화재가 남아 있다. 이 중 한국과 관련된 불상은 백제·신라시대부터 조선시대의 것까지 남아 있다. 일부는 이즈하라나 나가사키현의 문화재로 지정되었으나, 아직도 개인 집이나 사찰에는 비장되어 있는 불상들이 많다고 한다. 불상들은 한반도와 지리적으로 가까운 북부와 서부 해안지대에 많이 남아 있으며, 자신을 지켜주는 호신불로서 가지고 있던 이 불상들은 크기가 작은 것이 특징으로 가람불교와 달리 민간신앙으로서 불교가 들어왔음을 의미한다. 이러한 불상은 아직도 얼마를 더 찾아낼 수 있을지 모른다고 한다.

이 글을 마치며

    불과 반세기 전만 해도 대마도와 부산은 '일일생활권'이었다. 국경을 넘는 지역경제의 활성화를 배경으로 1997년에는 대마도의 이즈하라가 국제항이 되었다. 그리고 부산에서 이즈하라로 이어지는 직항로가 생기면서 여행상품도 개발되고, 그러다 보니 대마도를 찾아오는 한국 사람들도 역시 늘고 있어 활력을 되찾은 대마도가 다소 젊어질 것이라는 생각이 든다. 화려했던 과거를 그리워하는 대마도 사람들은 이런 부산함에 내심 안도할 지 모른다.

    몇 년 전 나는 몇 가지 필요한 사진을 얻기 위해 대마도에 갔다. 인공조림이 많은 대마도는 쭉쭉 뻗은 검푸른 삼나무숲 속에서 막 돋기 시작한 낙엽수의 신록들이 모습을 드러내고 있었다. 온통 산이라 해도 좋을 대마도의 좁고 깊은 산골짜기 속에서 갖가지 녹색으로 물든 숲들은 연녹색의 물감을 거칠고 진하게 발라놓은 유화 같았다. 활엽수가 많은 한국의 잡목림들이 파스텔톤으로 멀리서 은은하게 다가오는 것과는 또 다른 맛이었다. 봄안개가 보기 싫은 것들을 적당히 가려주었기 때문에 더욱 다른 세상처럼 느껴졌는지 모른다.

안개가 심해 원하는 사진을 얻지는 못했다. 그렇지만 가슴 속까지 씻겨내려가는 듯한 녹색을 질리도록 보면서, 또 어딜가도 잔잔하며 흔들림없는 그들의 생활을 보면서 문득 이대로도 좋지 않을까라는 생각이 들었다. 아직은 신진대사가 그런대로 되고 있는 것 같은 건강한 자연, 조촐한 주택의 마당이나 담에 기대 핀 수수한 꽃들, '변화'·'표준화'가 꾸준히 진행되는 가운데서도 아직도 어느 한구석에는 500년 전 집 밖에 매둔 배를 타고 조선을 오가던 선조가 살던 곳에 후손들이 그대로 살고 있는 모습들이 왠지 안도감을 주었다.

사람과 물건들이 오고가게 되면 자연히 이들을 유치하기 위한 편의시설이 어디에든 들어설 것이고, 개발이라는 이름으로 환경이 얼마간은 훼손될 것이다. 또 그들의 생활이나 역사도 활력이라는 명분하에 과장되는 부분이 생겨날 것이다.

예전과는 다른 형태이지만 대마도와 한국이 하나로 묶여 교류가 활발해져 서로가 서로를 알아주고 더 풍요로와질 수 있다는 것은 고마운 일이리라.

다행인지 불행인지 대마도에는 일본의 어디에도 흔한 온천이라는 것이 아주 귀해 아직까지는 조용하다. 깨끗한 공기와 자연은 대마도가 뭔가로부터 소외당한 것은 아닌가 하는 생각마저 들게 한다.

오염되지 않은 땅, 역사의 장, 생활 공간으로서의 대마도를 이대로 존중하고 싶다는 욕심도 든다.

그 섬에 다시 가보고 싶다는 그리움을 남겨놓기 위해.

2005년 여름

이 훈

연표로 보는 대마도

연도	대마도 이야기
약 8000년 전	대마도 북부 카미아가타쵸 코시타가越高에 한반도의 융기문 토기 전래
3~4세기경	미츠시마쵸 게치鶏知에 한반도 계통의 무늬없는 토기 전래
3세기경	『위지魏志』왜인전에 '對馬國'이라는 기사가 보임
664	대마도對馬 · 이키壹岐 · 치쿠시筑紫에 사키모리防人가 배치되고, 대마도에 봉화대가 설치됨
667	대마도에 카네다죠金田城를 쌓음
736	견신라사선遣新羅使船, 대마도의 아소우라淺茅浦에 정박
805	제16차 견당사를 동행했던 사이쵸最澄가 대마도에 도착
815	대마도에 신라어 통역관 설치
837	카미아가타 와타츠미上縣郡 和多都美神 등에 신위神位를 부여함
894	신라 선박이 사스우라佐須浦를 공격해 옴
1019	토이刀伊의 침구, 즉 만주 동북부에서 연해주에 걸쳐 살던 여진족의 적선이 대마도를 습격해 옴
1196	대마도의 재청관인 가운데 코레무네惟宗씨의 이름이 처음으로 보임
1274	고려·몽고 연합군의 제1차 대마도 습격('분에이노에키文永の役'라 함). 대마도주 도주 소오 스케구니宗助國 전사함

연도	대마도 이야기

1281   고려 · 몽고 연합군의 제2차 대마도 습격('코우안노에키 弘安の役'라 함)

1345~1350   소오 츠네시게宗經茂가 대마도주가 됨. 동생인 賴次가 대관이 되어 니이仁位에 야카타館를 설치

1366   고려국왕이 대마도주에게 왜구 단속을 요청해 왔으며 이후 교류가 시작됨

1378   소오宗씨, 대마도의 슈고다이守護代에서 대마도 슈고守護가 됨

1398   소오 사다시게宗貞茂, 치쿠젠筑前에서 대마도로 들어와 도주권을 회복함

1394~1428   소오 사다시게宗貞茂, 왜구 진압을 계기로 조선과 교류

1408   소오 사다시게, 정치의 중심을 미네에서 사카佐賀로 옮김

1419   이종무의 아소완淺茅灣 공격 등 대마도 토벌(기해동정), 대마도에서는 '오에이노와코応永の外寇'라 함

1426   왜구 종식이후 조선의 三浦제도 실시로 대마도 사람들이 부산포(부산)·염포(울산)·제포(웅천)에 들어와 살면서 조선과의 무역과 어업에 종사함

1428   조선이 통신사를 일본에 파견

1438   대마도주의 요청으로 조선에 건너가는 모든 배에 대하여

	대마도주의 도항증명인 문인文引 발급이 가능해짐. 대마도주 권한 강화
1439	조선이 통신사를 일본에 파견
1441	소오宗씨의 주군인 쇼니小貳씨가 오우치大內씨에게 패하여 대마도로 피해옴
1443	대마도주 소오 사다모리宗貞盛, 조선과 세견선 파견 등에 대한 계해약조('카키츠노약쿠조嘉吉の約條')를 맺음으로써 대마도내에서 특권적 지위 확보
1468	대마도주 소오 사다쿠니宗貞國, 정치의 중심을 사카佐賀에서 후쮸府中로 옮김
1510	대마도 사람을 비롯하여 3포에 사는 일본인들이 소요를 일으킴. 이로 인해 조선은 대마도와 통교 단절
1512	임신약조를 계기로 조선과의 무역 부활
1544	대마도 사람들이 사량진에서 왜변 일으킴
1555	달량포에서 왜변
1587	대마도주 소오 요시시게宗義調, 조선에 일본국왕사를 파견하여 토요토미 히데요시豊臣秀吉의 일본 통일 등에 대한 일본 정세 설명과 통신사 파견 요청
1590	조선에서 통신사 파견
1591	토요토미 히데요시, 대마도주에게 조선 침략을 명함, 후쮸에 시미즈야마죠淸水山城를 쌓음
1592	임진왜란(분로쿠노에키文祿の役) 발발, 대마도주 소오 요

	시토시, 5,000명의 병사를 이끌고 코니시 유키나가小西行長군단의 선봉이 되어 조선 침략
1597	정유재란('케이쵸노에키慶長の役') 발발, 소오 요시토시, 1,000명의 병사를 이끌고 조선 침략
1598	토요토미 히데요시의 죽음으로 일본군 철수
1599	소오 요시토시에게 주어진 사츠마薩摩의 이즈미出水군 대신 히젠肥前(佐賀縣)의 키이基肄·야부養父의 2군이 토비치飛地(영지)로 주어짐. 토쿠가와 이에야스德川家康으로부터 조선과 국교회복을 명령받음
1601	왜란 직후 부산 절영도에 임시로 왜관이 설치됨
1607	조선과 국교회복. 조선이 제1회 회답겸쇄환사를 파견함에 따라 대마번주 소오 요시토시가 사행을 에도江戸까지 안내함. 왜관을 절영도에서 두모포豆毛浦로 옮김
1609	소오 요시토시, 국교회복 이후 세견선 파견을 비롯한 각종 사자 파견 등, 통교 전반에 관한 기유약조를 조선과 맺음
1617	조선이 제2회 회답겸쇄환사를 파견함에 따라 대마번주 소오 요시나리宗義成가 교토京都까지 안내함
1624	조선이 제3회 회답겸쇄환사를 파견함에 따라 소오 요시나리가 통신사 일행을 에도까지 안내함
1635	토쿠가와 이에미츠德川家光, 국서위조사건을 둘러싼 소오 요시나리와 그의 가신 야나가와 시게오키柳川調興의 소송을 매듭지음

1636	조선이 병자통신사(칸에이寬永 신사)를 파견함에 따라 소오 요시나리가 에도까지 안내함
1639	부산 왜관 안에 다완茶碗을 굽는 요窯를 만들어 막부 등에 헌상하기 위한 도자기를 구움
1643	조선이 계미통신사(칸에이寬永 신사)를 파견함에 따라 소오 요시나리가 에도까지 안내함
1647	역대 대마번주 소오씨의 묘쇼인 만쇼인萬松院을 카네이시야마金石山로 옮김
1650	사스佐須에 은산銀山 개발
1655	조선이 을미통신사(메이레키明曆 신사)를 파견함에 따라 소오 요시나리가 에도까지 안내함
1657	소오 요시자네宗義眞가 대마번주가 됨
1660	소오 요시자네 때 죠카마치城下町로서의 후쮸의 도시 정비
1663	오후나에船江 축조
1672	오오후나코시大船越 절개공사. 출입국관리와 같은 사무를 맡아보는 검역소로서의 세키쇼關所를 와니우라鰐浦에서 사스나佐須奈로 옮김
1678	사지키바라棧原에 대마번주의 성을 새로 건축 부산 초량草梁에 약 10만평 규모의 왜관倭館이 건축됨에 따라 두모포 왜관에서 이관
1682	조선의 임술통신사(텐나天和신사) 파견으로 소오 요시자네가 에도까지 안내함

1683   조선과 계해약조를 맺어 왜관에 거주하는 대마도 사람들의 활동 규제 등에 관한 약정을 정함.

1689   아메노모리 호슈雨森芳洲, 대마번의 儒臣으로 대조선통교에서 활약

1700   對馬國繪圖 완성

1703   조선국 도해역관, 대마도 북단 와니우라鰐浦에서 암초에 부딪혀 조난당함. 전원 사망

1711   조선의 신묘통신사(쇼토쿠正德신사) 파견으로 대마번주 소오 요시미치宗義方에도까지 안내함

1715   사츠마에서 고구마 종자를 가져와 재배에 성공하여 '코코이모孝行芋'라 부름

1719   조선의 기해통신사(쿄호享保신사) 파견으로 소오 요시노부宗義誠에도까지 안내함

1732   후쮸에서 대화재로 가옥 1,299채, 사찰 28채 소실. 이테이앙도 화재로 세이잔지로 옮김

1748   조선의 무진통신사(엔쿄延享신사) 파견으로 대마번주 소오 요시유키宗義如에도까지 안내함

1764   조선의 갑신 통신사(호오레키宝曆 신사) 파견으로 대마번주 소오 요시시게宗義蕃에도까지 안내함

1776   조선과의 무역 부진으로 막부로부터 매년 12,000兩을 지급받음

1798   이국선이 대마도 근해에 나타남

연도	대마도 이야기
1811	조선의 신미통신사(분카文化신사) 파견, 통신사 일행을 대마도에서 맞이하여 막부에서 대마도로 내려온 사자와 함께 외교의례 및 접대를 치루었기 때문에 '역지통신易地通信(易地聘禮)'이라고도 함. 대마번주 소오 요시카츠宗義功를 대신하여 그의 아들 岩千代(소오 요시카타宗義質)가 의례를 주도함
1817	신미통신사 접대에 대한 포상으로 막부로부터 2만석에 해당하는 영지(히젠의 마츠라肥前 松浦·치쿠첸의 이토筑前 怡土·시모츠케의 아소下野 安蘇)를 지급받음
1861	러시아 군함 포사드닉호가 이모사키芋崎 앞바다에 정박하여 연안의 측량 등을 행하여 문제가 됨
1862	대마도와 쵸슈長州 동맹 성립
1866	이테이앙의 윤번승제 폐지
1868	대마번주 소오 요시아키라宗義達, 메이지 신정부에 조선과의 통교에 관한 의견 상신
1869	版籍奉還, 후쮸를 이즈하라嚴原로 개칭, 구대마번주 소오 요시아키라가 이즈하라번의 지사知事에 임명됨
1871	이즈하라현을 이마리伊万里현에 합병함
1872	이마리현을 사가佐賀현으로 개칭, 구이즈하라현은 나가사키長崎현 소관이 됨. 대마도에 나가사키현 출장소(이즈하라 지청)을 설치함
메이지 신정부, 부산 초량왜관을 접수하여 일본 공관으로

삼음. 그 결과 조선과의 외교는 일본 외무성이 담당하게 됨

1886	이즈하라 지청을 對馬島廳으로 개칭
1900	일본 해군이 만제키에 운하를 뚫음
1905	러일전쟁으로 인한 대마도 앞바다 해전
1912	대마도에 처음으로 전등이 밝혀짐
1922	이즈하라와 게치鷄知(미츠시마쵸)를 처음으로 자동차가 달림
1926	대마도청을 대마지청으로 부름
1931	구 대마번주 소오 타케유키宗武志와 구한국왕실의 왕녀 덕혜德惠 옹주의 결혼
1941~1945	제2차세계대전, 대마도의 요새화
1945	대마도~큐슈의 하카타博多간을 오가는 정기선 '타마마루珠丸'가 이키 카츠모토 근처 바다에서 어뢰에 부딪혀 침몰, 540명 이상 사망
1955	쵸손町村합병으로 인해 13개의 쵸손이 9쵸손이 됨
1958	만제키바시万關橋 완성. 쵸손합병으로 인해 6쵸손이 됨
1968	대마도를 관통하는 종관도로 개통
1975	대마도 공항 개항
1986	대마도와 부산 영도구가 자매섬이 됨
1989	카미쯔시마上對馬 히다카츠比田勝항과 부산항을 잇는 부정기 항로 '아오시오'가 취항
1999	이즈하라와 부산간 '씨플라워'호 취항
2004	대마도 6쵸손의 합병으로 3월 1일 '쯔시마시對馬市'가 됨

■ 참고문헌

논저

한일관계사학회, 『독도와 대마도』, 지성의 샘, 1995

한일관계사학회, 『譯註 交隣提醒』, 國學資料院, 2001

김은숙, 「8세기의 신라와 일본의 관계」, 『국사관논총』 29, 1991

나종우, 『한국중세 대일교섭사연구』, 단국대학교, 1992

한문종, 『조선전기 대일 외교정책 연구』 −대마도의 관계를 중심으로−, 전
　　　　북대학교 박사학위논문, 1996

손승철, 「대마도의 조·일 양속관계」, 한일관계사연구회, 『독도와 대마도』,
　　　　지성의 샘, 1995

손승철, 『조선시대 한일관계사연구』, 지성의 샘, 1994

손승철, 「《倭人作拏謄錄》을 통해서 본 倭館」, 『항도부산』 10, 1993

하우봉, 「한국인의 대마도 인식」, 한일관계사연구회, 『독도와 대마도』, 지성
　　　　의 샘, 1995

하우봉, 「조선초기 일본과의 관계」, 『한국사』 22, 국사편찬위원회, 1995

이원식, 『조선통신사』 민음사, 1991

이　훈, 『조선후기 표류민과 한일관계』, 국학자료원, 2000

이　훈, 「1836년, 南膺中의 闌入사건 취급과 近世倭館」, 『韓日關係史研究』, 21, 2004

이　훈, 「조선통신사 접대와 대마번의 재정－1811년 신미통신사를 중심으로－」, 『역사와 경계』, 55, 2005

이영·김동철·이근우 공저, 『전근대한일관계사』, 한국 방송대학교출판부, 1999

정성일, 『조선후기 대일무역』, 신서원, 2000

장순순, 『朝鮮時代 倭館變遷史 研究』, 전북대학교 박사학위논문, 2001

현명철, 『19세기 후반의 대마주와 한일관계』, 國學資料院, 2003

홍성덕, 「조선후기 問慰行에 대하여」, 『한국학보』 59, 1990

홍성덕, 『17세기 朝·日外交使行 研究』, 전북대학교 박사학위논문, 1998

泉澄一, 「對馬藩 勤役中의 雨森芳洲에 대하여」, 『국사관논총』 57, 1994

제임스 루이스, 「釜山倭館을 중심으로 한 朝·日交流」, 『정신문화연구』 20-1(66), 1997

鄭永鎬, 「對馬における韓國の遺物」, 『いま蘇る日韓誠信交隣の路－朝鮮通信使』, 嚴原町朝鮮通信使緣地交流實行委員會, 1993

長崎縣敎育委員會, 『長崎縣と朝鮮半島』, 1992

永留久惠, 『對馬の歷史探訪』, 杉屋書店, 1982

長鄕嘉壽, 「對馬と倭館を結んだ御關所御用飛船について」, 『水邨朴永錫敎授華甲記念國史學論叢』下, 1992

長鄕嘉壽, 「崔益鉉の對馬流謫」, 『對馬風土記』 20, 1984

淵上淸, 「對馬島の顯彰碑と善隣友好」, 『水邨朴永錫敎授華甲記念國史學論叢』下, 1992

佐伯弘次,「對馬の一傳承－中世被虜人」,『Museum kyushu』49, 1995

佐伯弘次,「朝鮮前期 朝日關系와 對馬島」,『忠肅公 李藝의 역사적 재조명』, 2005

佐伯弘次,「十五世紀後半以降の博多貿易商人の動向」,『東アジアと日本－交流と變容』, 2, 2005

橋本雄,『中世日本の國際關係－東アジアと通交圈と僞使問題』, 吉川弘文館, 2005

增澤讓太郎,「日本列島をめぐる海流」,『Museum kyushu』14, 1984

對馬峰町,『峰町誌』, 峰町誌編集委員會, 1993

嚴原町,『いま蘇る日韓誠信交隣の路－朝鮮通信使』, 嚴原町朝鮮通信使緣地交流實行委員會, 1993

長崎縣對馬支廳,『つしま百科』, 對馬自治連絡協議會, 1994

貫井正之,『豊臣政權の海外侵略と朝鮮義兵研究』, 靑木書店, 1996

中里紀元,『秀吉の朝鮮侵攻と民衆・文祿の役』, 文獻出版, 1993

田代和生,『近世日朝通交貿易史の研究』, 創文社, 1981

田代和生,「近世倭館の食生活」,『季刊 Vesta』26, 1996

田代和生·米谷均,「宗家舊藏〈圖書〉と木印」,『朝鮮學報』156, 1995

田代和生,『倭館－鎖國時代の日本人町』, 文藝春秋, 2002

泉澄一,「對馬藩士の朝鮮使行と扶助について」,『史泉』81, 1995

泉澄一,「對馬藩の御用人勤仕前後の雨森芳洲とその周邊」,『關西大學東西學術研究紀要』28, 1995

泉澄一,「對馬島 宗家文書의 分析研究－國史編纂委員會 所藏의 記錄類 (6592点)을 中心으로」,『國史館論叢』7, 1989.

泉澄一,『對馬藩 雨森芳洲の基礎研究』, 關西大學東西學術研究叢刊 10, 1997

本馬恭子,『德惠姬』, 葦書房, 1998

齊藤隼人,『戰後對馬三十年史』, 1981

辛基秀 · 仲尾宏 편저,『圖說 朝鮮通信使の旅』, 明石書店, 2000

■ 사진목록

[1] 카미츠시마쵸 전망대에서 본 남해안 전경

[2] 와니우라에서 본 부산 야경 __仁位孝雄

[3] 리아스식 해안이 발달된 아소완 __仁位孝雄

[4] 와니우라 포구

[5-a] 대마도의 여러 곳에서 볼 수 있는 좁은 산길

[5-b] __仁位孝雄

[6] 30미터가 넘는 절벽에 자리잡은 계단식 경작지, 미네쵸의 오미 __仁位孝雄

[7] 이즈하라쵸의 경작지

[8] 죠몬시대 융기문 토기, 카미아가타쵸 코시타카 __日本 長崎縣對馬島歷史民俗資料館

[9] 야요이시대 무늬없는 토기, 미츠시마쵸 게치 __日本 長崎縣歷史民俗資料館

[10] 카이진 진쟈(미네쵸 키사카)

[11] 와타츠미 진쟈(토요타마쵸)

[12] 삼별초가 대몽항전시 제주도에 쌓은 산성 __제주박물관 최흥선

[13] 삼별초가 대몽항전시 제주도에 바닷가에 쌓은 방어벽 __제주박물관 최흥선

[14] 아소완의 오사키

[15] 신숙주의 해동-제국기 __국사편찬위원회

[16] 조선이 소다씨 일족에게 내린 告身 __국사편찬위원회

[17] 나고야죠, 토요토미 히데요시가 조선침략을 위해 쌓은 전략도시, 지금은 성벽만 남아있다.

[18] 시미즈야마죠, 임진왜란 때 역성의 하나로 대마도에 세워진 성으로 이즈하라 시내에서 보이는 곳에 위치해 있다.

[19] 카츠모토 산성, 임진왜란 때 이키에 세워진 산성 __仁位孝雄 『朝鮮通信使の道』

[20] 웅천왜성

[21] 가신으로부터 예물을 받는 다이묘, 대마번주 __국사편찬위원회

22. 1811년 신미통신사 일행의 기선—쿠사바 하이센 『津島日記』

23-a. 1711년 신묘통신사 때의 국서 행렬—국사편찬위원회

23-b. 통신사를 수행한 소동—국사편찬위원회

24. 대마번주 앞으로 파견되었던 도해역관 渡海譯官—日本 慶應大學

25. 일본해 쪽의 돗토리鳥取에 표착했다가 조선으로 돌아온 강원도 주민—日本鳥取縣立圖書館

26. 옛날 조선 인삼을 취급했다는 약국

27. 사스나 포구—仁位孝雄 『朝鮮通信使の道』

28. 인삼 밀무역에 관한 조사경위서—국사편찬위원회

29. 부산 초량왜관—국사편찬위원회

30. 부산 초량왜관—日本 長崎縣對馬歷史民俗資料館

31. 에도시대의 히젠 나가사키—日本 九州大學 九州文化史 研究所

32. 왜관 안에서 일어난 절도에 관한 문서—국사편찬위원회

33. 아메노모리 호슈(小松勝助)

34. 1711년 통신사 일행을 수행하는 아메노모리 호슈—국사편찬위원회

35. 조선과의 교제치침을 밝힌 『코오린테이세이』—국사편찬위원회

36. 러일전쟁 전적지

37. 당의를 입은 덕혜옹주의 어렸을 때의 모습

38. 영친왕, 순종, 고종, 순종효황후, 덕혜옹주

39. 덕혜옹주의 유치원 시절

40. 순종이 위독하다는 소식을 듣고 영친왕 이은 부부와 함께 귀국한 덕혜옹주(1926년)

41. 덕혜옹주의 웨딩드레스를 입은 모습(1931년)

42. 덕혜옹주와 소오 타케유키의 대마도 방문 (1931년)

43. 덕혜옹주의 귀국(1962년)

44. 덕혜옹주의 회갑연(1972년)

45. 소오 타케유키가 그린 아소완 풍경화—日本 長崎縣對馬歷史民俗資料館

46. 방치된 결혼기념비

47. 최근에 다시 세워진 덕혜옹주와 소오 타케유키의 결혼기념비

48. 폐광된 아연탄광

49. 탄광촌에 빈 채로 남아있는 아파트

50. 옛담과 집을 헐어내고 개조해서 살고 있는 주택가

51. 이즈하라의 식당가

^{52} 이즈하라의 슈젠지

^{53} 슈젠지의 최익현 선생 추모비

^{54} 1703년 와니우라 근처에서 익사한 역관 일행의 추모비

^{55} 대한해협에서 조난당한 조선인 표류민들의 영혼을 위로하기 위한 비

^{56} 박제상 추모비

^{57} 아리랑 마츠리 행렬 모습—仁位孝雄

^{58} 부산과 대마도를 잇는 고속 훼리 '아오시오'—仁位孝雄

^{59} 「팔도총도」—한일관계사학회, 『독도와 대마도』

^{60} 「해좌전도」—한일관계사학회, 『독도와 대마도』

^{61} 대마도가 경상도에 속해 있는 것으로 되어 있는 「해좌전도」의 경상도 부분

^{62} 「조선전도」—한일관계사학회, 『독도와 대마도』

^{63} 「대한전도」—한일관계사학회, 『독도와 대마도』

^{64} 대마도의 소오케문서—日本 長崎縣歷史民俗資料館

^{65} 역대 대마번주의 묘역, 반쇼인

^{66} 묘역으로 올라가는 반쇼인 계단

^{67} 소오 요시토시의 무덤—仁位孝雄 『朝鮮通信使の道』

$^{68\text{-}a}$ 시미즈야마죠

$^{68\text{-}b}$ 이즈하라 시내에서 마라다 본 시미즈야마죠

^{69} 1811년 사가번의 쿠사바 하이센이 그린 후쮸(현재 이즈하라)—『津島日記』

^{70} 시미즈 야마에서 내려다 본 이즈하라 항구

^{71} 킨세키죠 성터—仁位孝雄

^{72} 조선의 통신사가 통과했다고 하는 코라이몬

^{73} 1811년 당시 대마번주의 후쮸죠—쿠사바 하이센 『津島日記』

^{74} 지금은 돌담만 남아있는 후쮸죠

⁷⁵ 1732년 후쮸의 대화재에 관한 기록—日本 長崎縣歷史民俗資料館

⁷⁶ 방화벽

⁷⁷ 대마번 무사들의 집—仁位孝雄

⁷⁸ 세잔지—仁位孝雄

⁷⁹ 세잔지 입구

⁸⁰ 겐소의 목상

⁸¹ 겐뽀의 목상

⁸² 부산 왜관의 토코지에 안치되어 있던 불상

⁸³ 아메노모리 호슈의 묘역

⁸⁴ 대마번주 전용의 선박을 격납했던 후나에아토

⁸⁵ 두꺼운 돌로 지붕을 얹은 이시야네—仁位孝雄

⁸⁶ 이시야네 창고

⁸⁷ 소오 스케구니의 몸체를 매장한 무덤

⁸⁸ 소오 스케구니의 머리를 매장한 무덤

⁸⁹ 몽고군 상륙지, 사스우라

⁹⁰ 백제식 산성인 카네다죠—仁位孝雄

⁹¹ 아소안의 소다가

⁹² 후나코시

⁹³ 새로 생긴 만제키바시—仁位孝雄

⁹⁴ 만제키—仁位孝雄

⁹⁵ 엔츠지 경내의 조선초기 범종

⁹⁶ 엔츠지 경내의 대마도주 소오씨 무덤

⁹⁷ 사스나의 세키쇼터에 남아있는 우물

ㄱ

가덕 65

갑신통신사 73

강권선 182

강화도 수호조약 186

개시開市 94

객사 70, 94

거북선 62

거제 65, 46

계치鷄知 34, 138

계치쵸 네소鷄知町 根曾 140

겐뽀玄方 211

겐소玄蘇 57, 58, 211

경상감사 105

경상도 관찰사 180

『경상도읍지』 183

계문啓聞 106

계해嘉吉약조 54, 55, 96

고려문 204

고요닌御用人 104

고종 121, 124, 126

『고지키古事記』 20

공관 186

공목公木 109

공무역 82, 84

관백 56

교간交奸 96, 98

국서國書 58

군역軍役 64, 80

기유약조 69

기해통신사 73

김성일金誠一 58

김일金逸 40

김해金州에 객관 39

ㄴ

나가사키(현) 98, 116, 138, 186

낙선재 122

난출 107, 108

네덜란드 98

네소根曾고분군 141

농토(義田) 109

니이仁位씨 230
니타仁田 24

동방아연광업소 139
동인銅印(도서圖書) 51
두모포豆毛浦 90

ㄷ

다이묘大名 59, 68, 80
다이칸代官 90
다자이후大宰府 36, 44
달량포 55
대마경비대對馬警備隊 117
대마도 46
대마도 역사민속자료관 191
대마도 종합개발지구 138
대마도구당관對馬島勾當官 179
대마도주 45
대마번주對馬藩主 66
대한제국 117
대한해협(동해) 28, 118, 164
덕수궁 124
덕혜德惠옹주 120, 123, 130
데지마 98
도서제도 51
도해역관渡海譯官 80, 162
동銅 54, 109
동검銅劍 140
동래부사 105, 107, 112

ㄹ

러시아 117
러일전쟁 117, 118
류큐(오키나와) 49, 53, 56, 222

ㅁ

마루야마丸山 98
마산 40, 142
마와리 34
마츠우라 40
마탁馬鐸 140
막부幕府(바쿠후) 66
만제키万關운하 118, 228
만호萬戶 179
메이지유신明治維新 73, 114, 147, 186
명 58, 62
명성황후 117, 124
모리 타카마사毛利高政 198
무늬없는 토기 192
무라마츠 야스고로松村安五郎 224

무로마치 막부　42, 46, 56

무진통신사　73

문위역관問慰譯官　80

문인文引　51, 52, 232

미네　45

미네쵸시峰町誌　159

미우라고로三浦梧樓　117

미점령군　137

ㄹ

바바스지馬場筋　202, 207

바이린지梅林寺　226

박위　42

박제상朴堤上　166

반쇼인万松院　140, 193

반쇼인소시萬松院送使　195

방화벽放火壁　204

배타적 경제수역(ＥＥＺ)　187

백촌강白村江　35

별차別差　94

복령당福寧堂 양귀인　121, 128

부산(진성)　59, 62, 88, 120, 142

북큐슈　46

분에이노에키文永の役　39

비변사　106, 108

ㅅ

사가현　116

사고佐護　24

사고무라佐護村　166

사량진　55

사무역　82

사송선　64

사송왜인使送倭人　48

사스佐須　24, 138, 139

사스나佐須奈　87, 138

사스나우라佐須奈浦　40, 232

사스우라佐須浦　218

사스지구　148

사역원司譯院　87, 108

사이항裁判　90, 104

사지키바라성　204

사츠마薩摩　56, 63

사카佐賀　45, 52, 190, 230

사키모리防人　36

삼구족三具足　196

『삼국사기』　178

삼별초　39

삼천포　142

3포(제도)　48, 88, 90

상사　77

서계書契　51, 102, 232

성신당 105

성혼 기념비 135

세견선 69, 116

세사미두歲賜米斗 54, 69, 182

세잔지西山寺 209

세종 180

세키가하라關原 65

세키쇼關所 53, 87, 88, 232

소다早田씨 222

소다早田일족 49

소목蘇木 54

소오 사다모리 226, 230

소오 사다시게宗貞茂 45, 230

소오 사다쿠니宗貞國 53, 209, 190

소오 스케구니宗助國 40, 218

소오 시게모토宗成職 230

소오 요시미치宗義方 160

소오 요시시게宗義調 56, 57

소오 요시아키라宗義達 116, 131

소오 요시자네宗義眞 160, 196, 204, 214

소오 요시토시 59, 63, 193, 194, 196

소오 타케유키宗武志 120, 123, 130

소오宗씨 44, 51, 52, 54, 55, 86, 152,
180

소오曾 138

송희경宋希璟 48

쇼군將軍 66, 69, 70

쇼니小貳씨 44, 54, 55, 180

수당금 76

수도서인受圖書人 51, 52, 69

수도서제 116

수미요시 진쟈 38

수직왜인受職倭人 49

숙배 94

순종 124

순천 65

순환도로 138

슈젠지修善寺 159, 160

스기야키杉燒 94

스토主藤가 140

시마이島居가 140

시마즈島津씨 56

시모노세키 120

시미즈야마(산)성 141, 193, 198

시이네椎根 216

시키다이式臺 92

신관 90

신라어 통역관 36

신묘통신사 73

신미통신사 73, 76

신숙주 20, 49, 182

ㅇ

아리랑 마츠리 166

아메노모리 호슈雨森芳洲 100, 102, 110,
   212

아비루阿比留 44

아소만 46

아소완淺茅灣 20, 118

아시카가 요시모치足利義持 48

아연탄광 148

아이노시마藍島 78

아침 시장朝市 93

아카마세키赤間關 158

야나가와 요시노부柳川調信 56

야나가와柳川씨 86

야부養父 66

엄비 124

에도江戶 66, 70, 82

엔츠지圓通寺 230

여몽연합군 39

여수 142

여우길呂祐吉 69

〈여지도서輿地圖書〉 183

역관 집坂之下 94

역사민속자료관 140

역지빙례 73

연례송사 81

연향대청 94

영선산 101

영일동맹 117

영친왕 이은李垠 124

오사카大阪 82, 142

오사키尾崎 46, 118

오사키우라尾崎浦 222

오에이노와코應永の外寇 46

오오부나코시大船越 228

오우치 요시히로大內義弘 42

오우치大內씨 44, 54

와니우라鰐浦 14, 87, 160, 162

와타츠미 진쟈 38

왕공가규범王公家規範 128

왜관 70, 88, 116, 186

왜구 45, 51

왜성 65, 198

외교사행(問慰行, 渡海譯官) 87

외무성 115, 116, 186

요시나리義成 86

요시노 카즈노스케吉野數之助 224

요시토시義智 57

용두산 90

우시마도牛窓 158

울산 65

웅천 65

위사偽使 56
『위지魏志』왜인전 16, 34
육상자위대 139
6·25 138, 142
융기문 토기 34, 192
은자銀子 100
을묘왜변 55
을미사변 124
의병 62, 159
의화단사건 117
이라인(평화선) 141
이마가와 료순今川了俊 42
이마리伊万里 77, 116
이마카와 45
이모사키芋崎 114, 224
이성계 42
이순신 62
이왕전하李王殿下 124
이왕직李王職 124
이종무 46, 177, 180, 183, 226
이즈미出水郡 63
이즈하라嚴原(성) 23, 120, 139, 142,
  146, 150, 190, 204
이즈하라쵸시 159
이즈하라현 116, 186
이키 40, 46, 78, 139, 198

이키 카츠모토勝本 158
이키도주 179
이태왕전하李太王殿下 124
이테이앙以酊庵 86, 210
이토 히로부미伊藤博文 124
인삼 82, 88
일본 공관 116
일본 국사 57
일본통신사 70
임신약조 55
임진왜란 59, 70, 77

ㅈ
전례前例 111
전현운동 139
절영도 90
정명가도征明假道 58, 62
정몽주 42
정유재란 59, 65
제주도 179
조공朝貢무역 50
조선역관사비朝鮮譯官使碑 160
조선왕공족 123
조엄 183
조일수호조규(강화도조약) 117

종가문고사료宗家文庫史料 192
종관도로 138, 139
죠오야마城山 36, 220
죠오주인長壽院 212
죠카마치城下町 150
중일전쟁 118
쥬라쿠다이聚樂第 58
쥬젠지무라十善寺村 98
진봉선進奉船(무역) 39, 178
쯔시마 40
『쯔시마키랴쿠對馬紀略』 20
쯔시마해협조난자추도지비對馬海峽
　遭難者追悼之碑 164
쯔쯔 138
쯔치요리豆知浦, 土寄 46

ㅊ
청 117
초량草梁 90
최영 42
최익현 159

ㅋ
카네다죠金田城 36, 220

카드뮴 광해 148
카마가리鎌刈 158
카마쿠라 막부鎌倉幕府 39
카이진 진쟈 38
카츠모토성勝本城 198
카키츠嘉吉의 약조 54
칸슈館守 90
케치 192
코니시 유키나가小西行長 59, 64, 65
코라이야마 138
코레무네惟宗씨 44
코모다小茂田 40, 137, 218
코베神戶 142
코부나코시小船越 20
코시타카越高 34
『코오린슈치交隣須知』 104
『코오린테이세이交隣提醒』 104, 110
코오안노에키弘安の役 39
쿄토 65
쿠로시오黑潮 28
쿠타가와久田川 214
큐슈탄다이九州探題 42
크리스찬 다이묘 59
키노시타 준앙木下順菴 102
키이基肄 66
킨세키 야카타金石屋形 193

킨세키죠오金石城 200

ㅌ

『타이슈헨넨랴쿠對州編年略』 178
타카츠키죠高月町 102
타케시키竹敷 117
태평양전쟁 118
텐노天皇 66, 70
토모노우라浦 158
토요사키豊崎 138
토요우라豊浦 178
토요타마 무라豊玉村 140
토요토미 히데요시豊臣秀吉 56, 58,
  59, 62, 65, 182, 198
토코노마床間 92
토코지東向寺 211
토쿄 152
토쿠가와 막부德川幕府 70, 72
토쿠가와 이에노부德川家宣 104
토쿠가와 이에야스德川家康 65
통신사 28, 57, 58, 70, 72, 86, 104
통영 142
투항왜인投降倭人(향화왜인) 48
특송선 81

ㅍ

「8도총도」 182
평양 62
폐번치현廢藩置縣 115, 116, 131, 186
포사드닉호 114, 224
표차사漂差使 81
표차왜漂差倭 81
피로인 46, 57

ㅎ

하카타博多 54, 55, 57, 139
하타모토旗本 86
한국주韓國柱 42
『한단고기桓檀古記』 178
한양 62
한일신협약(을사조약) 159
한일합방 118
한천석韓天錫 162
함경도 62
해군요항부海軍要港部 117
『해동제국기海東諸國紀』 22, 49, 182
『해사일기』 183
해상자위대(대마도감시대) 138
〈해좌전도海左全圖〉 183
헤이그밀사 파견 124

현덕윤玄德潤 105, 212

현지사縣知事 116

현해탄 30

호초胡椒(후추) 54

화족華族 116, 132

황당선 55

황윤길黃允吉 58

황해 62

회답겸쇄환사回答兼刷還使 69, 70, 73

후나에아토船江跡 214

후나코시船越 166, 226

후나코시 겐자부로舟越源三郎 226

후나코시 사에몬타로舟越左衛門太郎 226

후쮸府中(현재 이즈하라) 53, 76, 190, 207

후쮸죠오府中城 201

후쿠오카福岡(번) 30, 78, 120, 138

후타츠고쿠(쌍골) 101

훈도訓導 94

흥리왜인興利倭人 48

히젠肥前 66

히젠 나고야(성)肥前 名護屋 59, 198

히코사부로皮古三甫羅 49

히타카츠比田勝 120

대마도, 역사를 따라 걷다

1판 1쇄   2005년 8월 22일
1판 2쇄   2008년 5월 6일
글쓴이   이 훈
펴낸이   주혜숙
펴낸곳   역사공간
　　　　　　　　서울시 종로구 내수동 73 경희궁의 아침 4단지
　　　　　　　　오피스텔 1603호
　　　　　전화: 725-8806-7, 팩스: 725-8801
등록   2003년 7월 22일 제6-510호
ISBN 978- 89-90848-13-0   03900

＊ 잘못된 책은 바꿔 드립니다.

가격 13,500원